साहित्यवीर

सुधा कसेरा

PG PUBLICATION

दिल्ली-110089, (भारत)

संस्करण : 2020
ISBN : 978-81-949743-9-0

प्रखर गूँज पब्लिकेशन
एच-3/2, सेक्टर-18, रोहिणी, दिल्ली-110089
दूरभाष : **7982710571, 7838505899, 011-27851059**

प्रथम संस्करण : 2020
मूल्य : 395/-

आवरण : प्रवीन कसाना

साहित्यवीर
सुधा कसेरा

Sahityveer
***By :* Sudha Kasera**

Published by
PRAKHAR GOONJ PUBLICATION
Delhia- 110089
E-mail : prakhargoonj@gmail.com
sinha.neelu123@gmail.com
011-27851059, 7982710571, 7838505899

गुणी-जनों, गुरुओं और माता पिता के

श्री चरणों में

सुधा जी की पुस्तक समर्पित

सन्देश

हमारा भारत एक ऐसा देश है जिसने इस दुनिया और इसके लोगों को कई अनमोल चीजों से नवाजा है। इनमें से एक हैं 'कवि' और उनकी कविताएं जो लोगों में एक नई ऊर्जा का संचार करती है। दूसरे हैं 'लेखक' जिनकी रचनाएं लोगों को अलग तरह से सोचने और समझने के लिए मजबूर करती हैं। कुछ ऐसे ही कवियों व लेखकों का जीवन परिचय हमारे लिए लेकर आई हैं- श्रीमती सुधा कसेरा अपनी स्वरचित पुस्तक 'साहित्यवीर' में, जो साहित्य जगत को अनुपम भेंट है।

वीर प्रसू मां की व्यथाएं कागजों पर लिख सकें, शौर्य साहस की ऋचाएं कागजों पर लिख सकें।

कलम ने सिर कलम करवाया तो केवल इसलिए, उन महान कवियों व लेखकों का परिचय कागजों पर लिख सकें।

'प्रसिद्ध लेखकों का जीवन परिचय' लेखिका ने दिल की गहराइयों में डूबकर कलमबद्ध किया है। सहज, सरल, रोचक भाषा में लिखी पुस्तक गागर में सागर है। पुस्तक के प्रकाशन पर हार्दिक शुभकामनाओं सहित-

वीणा सिंह (सेवानिवृत्त हिंदी शिक्षिका)
(साहित्याचार्य, विद्यावारिधि)

मन की बात

आज अपनी किताब 'साहित्यवीर' की भूमिका लिखने बैठी तो मुझे 'हरिवंश राय बच्चन जी' का कथन 'क्या भूलूं क्या याद करूं' याद आ गया। बहुत सारी अविस्मर्णीय यादें हैं, जिन्होंने मुझे इस मुकाम तक पहुंचाया, समझ नहीं आ रहा कि उनमें से किसका जिक्र करूं और किसको छोड़ूं! परिवार ही बच्चे का सबसे पहला स्कूल होता है। अपने लेखक पिता के कारण मैंने होश संभालते ही अपने चारों ओर साहित्यिक किताबों का भण्डार देखा और साहित्यकारों का घर में आना-जाना भी होता रहता था, इसलिए पढ़ने की रुचि बचपन में ही पैदा हो गई थी।

मेरे पिता जी उच्च शिक्षित थे और उनकी हिंदी और अंग्रेजी दोनों भाषाओं पर अच्छी पकड़ थी। भाषा में जरा सी भी दुविधा होने पर तुरंत डिक्शनरी देख कर आश्वस्त होते थे और मुझे भी ऐसा करने की सलाह देते थे। उस जमाने में हमारे खानदान की लड़कियों को अधिक पढ़ाया-लिखाया नहीं जाता था, लेकिन इसके विपरीत उन्होंने मुझे उच्च शिक्षा दिलाई और मुझे हर क्षेत्र में आगे बढ़ने की पूर्ण स्वतंत्रता दी। मेरी मां जो स्वयं अधिक पढ़ी-लिखी न होने के बावजूद बहुत ही आधुनिक विचारों की महिला थीं, इसलिए उनका भी मुझे भरपूर सहयोग मिला।

अध्ययन काल में मेरी कुछ छिटपुट रचनाएं राष्ट्रीय स्तर की पत्रिकाओं में छपीं। एक बाल उपन्यास भी बच्चों की पत्रिका 'बालभारती' में छपा, लेकिन पिता जी के प्रोत्साहित करने के बावजूद मैंने लेखन को कभी गंभीरता से नहीं लिया।

मेरी विदाई के समय मेरी मां ने मेरे पति को कहा कि मेरी पढ़ाई बेकार नहीं जानी चाहिए। उन्होंने इस बात की गांठ बांध ली और हर क्षेत्र में कुछ भी करने की पूर्ण स्वतंत्रता दी। जीवन की आपा-धापी में पढ़ना तो जारी रहा, लेकिन लेखन की ओर कभी ध्यान ही नहीं गया। जब मेरा बेटा 3 वर्ष का हो गया तो मैंने बी. एड. किया और मुरादाबाद के कॉन्वेंट स्कूल में अध्यापन

कार्य किया।

मेरी लेखन यात्रा

पति के रिटायमेंट के बाद मैंने भी ऐच्छिक अवकाश ले लिया और हैदराबाद अपने बच्चों, बेटा नितिन, जो आईटी कंपनी में कार्यरत था और बेटी नीतू, विवाह के बाद यहीं रहती थी, के पास आकर बस गई। अध्यापन से अवकाश मिलने के बाद मेरा लेखन की ओर ध्यान गया और मैंने अपनी इस कला पर गंभीरता से विचार करना आरम्भ किया। जब मेरी पहली कहानी हैदराबाद के समाचार पत्र 'डेली हिन्दी मिलाप' में छपी तो मेरी खुशी का ठिकाना नहीं रहा और उसके बाद से 'अकेला ही चला था जानिब-ए-मंजिल मगर लोग साथ आते गए और कारवां बनता गया 'मजरूह सुलतान पुरी के ये बोल सार्थक होते गए। पाठकों की सराहना मिलती गई और लेखन निर्बाध चलता रहा। लेखन की शुरुआत एक समाचार पत्र से आरम्भ हुई और धीरे-धीरे प्रतिष्ठित पत्रिकाओं में भी छपने लगीं। कहानियों के बाद सामयिक समस्याओं पर लेख, किताब का अनुवाद और किसी मित्र लेखिका की किताब पर मन के उद्गार लिखने के बाद अन्य कई प्रसिद्ध लेखकों द्वारा भी उनकी किताब की समीक्षा के प्रस्ताव आने लगे और उसके बाद नम्बर आया अपनी कुछ रचनाओं को एक किताब में संकलित देखने का मोह, जो कि सुखद सपने के सच होने जैसा रोमांचक है। बस एक बात का मलाल जरूर है कि मैंने लेखन-कार्य बहुत देर से आरम्भ किया, लेकिन 'कभी नहीं से देर भली' यह सोच संतुष्टि देती है। मेरे लेखन से मुझे सबसे अधिक लाभ हुआ कि मैं बहुत सारे बुद्धिजीवी लोगों से जुड़ गई। उनसे फेसबुक और व्हाट्सऐप द्वारा संपर्क से और उनकी रचनाएं पढ़ कर मुझे बहुत प्रेरणा मिली और बहुत कुछ जानने और सीखने को मिला।

लेकिन इस उपलब्धि पर सबसे अधिक जिनको श्रेय मिलना चाहिए, मेरे माता-पिता दोनों ही इस दुनिया को अलविदा कह चुके हैं। आज जब अपनी पहली पुस्तक के लिए भूमिका लिख रही हूं तो उनकी बहुत याद आ रही है, लेकिन मेरा मानना है कि उनके आशीर्वाद से ही मैं उनका सपना पूर्ण करने

मैं समर्थ हुई हूं।

अपनी उपलब्धियों में मैं अपनी स्कूल की भाषा की अध्यापिकाओं के सहयोग को भी नहीं भूल सकती। मेरी स्कूली शिक्षा दिल्ली के जिस सरकारी स्कूल में हुई है, वहां का अनुशासन और पढ़ाई आज के अंग्रेजी स्कूलों से कहीं बेहतर थी। मेरी संस्कृत, हिन्दी और अंग्रेजी की अध्यापिकाएं इन विषयों को मात्र विषय के रूप में अंक प्राप्त करने के उद्देश्य से ही नहीं पढ़ाती थीं, बल्कि उसकी गहराई में जाकर एक भाषा के रूप में पढ़ाती थीं और स्वाध्याय के लिए प्रेरित करती थीं, जिससे भाषा आत्मसात हो जाती थी और रटने की आवश्यकता नहीं पड़ती थी और पढ़ना रुचिकर लगता था। मैंने अपने अध्यापन काल में उनका ही अनुकरण किया। मेरी उन अध्यापिकाओं का धन्यवाद जिन्होंने मुझे ऐसी शिक्षा दी, जिसके कारण में एक लोकप्रिय अध्यापिका बनी।

इस किताब को लिखने का मेरा उद्देश्य

मैंने अपने अध्ययन और अध्यापन काल में महसूस किया कि लेखकों की जीवनियां इतनी संक्षिप्त और नीरस होती थीं कि जिसमें समझने वाली और व्यावहारिक ज्ञान देने वाली कोई बात ही नहीं होती थी और उसे रटना ही पड़ता था, जो कि बहुत उबाऊ प्रक्रिया होती थी, इसलिए मैंने बहुत शोध करके कुछ लेखकों के व्यक्तिगत जीवन और संघर्ष करते हुए, उनके उद्देश्य और उपलब्धियों की प्राप्ति का गहन अध्ययन किया और उसके बारे में विस्तार से सहज, सरल और रोचक भाषा में इस किताब में लिखा है, जिससे पाठक रुचि लेकर पढ़े। प्रसिद्ध साहित्यकार अपने जीवन में आए निरुत्साहित करने वाली घटनाओं और कैसे-कैसे संघर्षों के बाद भी निरंतर हिम्मत न हारकर आगे बढ़ते गए, जानकार मुझे बहुत प्रेरणा मिली और वही प्रेरणा मैं इस किताब द्वारा अपने पाठकों को देना चाहती हूं। आज की युवा-पीढ़ी छोटी-छोटी परेशानियों से घबड़ा कर आत्महत्या तक का कदम उठा लेने की नासमझी करती है, जो कि अत्यधिक चिंता का विषय है। वे उनके जीवन से प्रेरित होकर असफलताओं के प्रति अपनी नकारात्मक सोच को बदलेंगे, तभी मेरा यह प्रयत्न सफल होगा और

मैं अपने को धन्य मानूंगी। यह किताब शोध विद्यार्थियों के लिए भी उपयोगी होगी, ऐसा मेरा मानना है।

टीमवर्क का प्रतिफल है, इस किताब का छपना

किताब के छपने पर लेखक के नाम पर ही पाठक की दृष्टि सबसे पहले जाती है, जबकि यह बहुत सारे लोगों के सहयोग का प्रतिफल होता है। मेरे लेखन में और इस किताब के छपने में मेरे पति और मेरे बच्चों का भी बहुत प्रोत्साहन और सहयोग है। बच्चे विदेश में रहते हुए भी मेरी छोटी-छोटी लेखन से सम्बंधित समस्याओं को दूर करते हैं। मेरी बेटी नीतू के कारण ही मैंने कंप्यूटर पर उंगली चलानी सीखी। मेरा बेटा नितिन मेरी हरेक रचना को पढ़ कर सुझाव देता है और इस किताब के छपने में उसका बहुत योगदान है। आज के बच्चे बदलते जमाने के अनुसार अपने माता-पिता की सोच को भी बदलने की सलाह देते हैं और उनके सच्चे मार्ग- दर्शक होते हैं, जरुरत है उनकी सोच को समयानुकूल समझने की और उसको आदर देने की। मेरी इस पहली किताब के छपने से वे बहुत उत्साहित हैं।

मेरी ग्यारह वर्षीया नातिन आन्या, जो अमेरिका में पैदा हुई और वहीं रहने के बाद भी बहुत अच्छी हिन्दी बोलती है ने भी अपने स्तर पर कई सुझाव दिए और मेरी इस किताब के छपने की बहुत बेसब्री से प्रतीक्षा कर रही है। मेरी बहू श्वेता, जो मेरे घर की रौनक पांच वर्ष पहले ही बनी है, के सहयोग का जिक्र न करना उसके प्रति अन्याय होगा और मेरी चार वर्षीया पोती वान्या भी मुझे लैपटॉप पर लिखते देख कर कहती है, 'दादी, आप क्या लिख रही हैं?' तो मुझे लगता है कि मेरा लेखन ही सफल हो गया।

इस किताब के छपने में सहयोग देने के लिए प्रसिद्ध लेखिका 'आरती प्रियदर्शिनी' का नाम लेना अति आवश्यक है, जिन्होंने प्रतिष्ठित पत्रिका 'अहा जिंदगी' में छपा मेरा आलेख 'एक थी अमृता', जो कि प्रसिद्ध लेखिका 'अमृता प्रीतम' के जीवन पर आधारित था से प्रभावित होकर मुझे महान साहित्यकारों के बारे में लिख कर एक किताब में संकलित करवाने की सलाह दी और मेरी किताब के लिए भी अपने उद्गार लिखे। मैं उनकी आभारी हूं।

लखनऊ विश्वविद्यालय के (भाषा विज्ञान विभाग से आचार्य और अध्यक्ष पद से सेवानिवृत्त) विदुषी आदरणीय 'उषा सिन्हा जी' ने अपना कीमती समय निकाल कर मेरी पुस्तक की बहुत रोचक और सारगर्भित विवेचना की है, जिसको पढ़ने से ही लगता है कि उन्होंने मेरी पांडुलिपि को बड़े मनोयोग से पढ़ा है। उनके लिखने से मेरी किताब का महत्व चौगुना हो गया और मुझे बहुत प्रेरणा मिलने के साथ मेरा लेखन भी सार्थक हो गया है। मैं उनकी बहुत आभारी हूं।

प्रसिद्ध लेखक, 'शिखर चंद जैन' (मोटिवेशनल लेखक, बाल साहित्यकार एवम् स्तंभ लेखक) ने भी अपनी बहुमूल्य प्रतिक्रिया देकर इस किताब को महिमा मंडित किया है।

आदरणीय वीणा सिंह (सेवानिवृत्त हिंदी शिक्षिका, साहित्याचार्य, विद्यावारिधि) ने भी अपना कीमती समय निकाल कर बहुत सारगर्भित शब्दों में इस किताब की विवेचना की है।

('द हैदराबाद पब्लिक स्कूल' रामंतपुर, हैदराबाद) की आदरणीय उर्मिला पाण्डेय ने भी मेरी इस किताब पर अपने सकारात्मक विचार लिख कर मेरा मनोबल बढ़ाया है और इस किताब में चार चांद लगा दिए हैं। मैं सबकी दिल से आभारी हूं।

इस किताब की प्रकाशक 'नीलू सिन्हा जी' की आभारी हूं, जिन्होंने अपने प्रकाशन 'प्रखरगूंज', जो कि इस समय कुछ अतिरिक्त विशेषताओं के कारण बहुत लोकप्रिय है, से मेरी किताब को छापने का काम स्वीकार किया।

मेरी यह पहली पुस्तक है, इसलिए त्रुटियां अवश्यम्भावी हैं, कृपया उनसे मुझे अवगत करने का कष्ट कीजिएगा, जिससे मैं भविष्य में सुधार कर सकूं। धन्यवाद।

सुधा कसेरा (sudhakasera@gmail.com)
सिकंदराबाद

डॉ० उषा सिन्हा
आचार्य एवं अध्यक्ष (पूर्व)
भाषाविज्ञान विभाग
लखनऊ विश्वविद्यालय,
लखनऊ – ७

दूरभाष : 0522–4047809
चलभाष : 9335212581
ईमेल : ushasinha2006@yahoo.com

बी – 181, इन्दिरा नगर,
लखनऊ – 226016

शुभाशंसा

असीम प्रसन्नता का विषय है कि हिंदी भाषा और साहित्य की अध्येता, समर्पित बहुआयामी रचनाकार श्रीमती सुधा कसेरा विरचित कृति 'प्रसिद्ध लेखकों का जीवन परिचय' प्रकाशित होने जा रही है। मुझे इसके अवगाहन का सुयोग प्राप्त हुआ। कृति की रचयिता सुधा जी राजनीतिशास्त्र की विशेषज्ञ और कुशल शिक्षिका होने के साथ ही हिंदी एवं संस्कृत विषयों के अध्ययन एवं शिक्षण के प्रति सजग व सक्रिय रहीं हैं। विगत दस वर्षों से वे विभिन्न विधाओं में स्वतंत्र लेखन एवं अनुवाद कार्य में संलग्न हैं। आपकी बहुआयामी सृजन-साधना व रचना-कर्म अनवरत गतिशील है।

सुधा जी ने अत्यंत परिश्रमपूर्वक हिंदी साहित्य की विभिन्न विधाओं को अपनी उत्कृष्ट सर्जना द्वारा समृद्ध करने वाले सुप्रतिष्ठित सत्रह साहित्यकारों के व्यक्तित्व एवं कृतित्व से संबंधित प्रचुर सामग्री का संकलन किया है। साथ ही वर्णनात्मक एवं विश्लेषणात्मक पद्धतियों के आधार पर सांगोपांग अध्ययन प्रस्तुत करके लेखिका ने निःसंदेह श्लाघनीय कार्य संपन्न किया है।

कृति का शुभारंभ नवजागरण के अग्रदूत, हिंदी भाषा के उन्नायक, युग-प्रवर्तक भारतेंदु हरिश्चन्द्र के परिचयात्मक विवरण से हुआ है। सुमित्रानंदन पन्त द्वारा प्रस्तुत भारतेंदु जी के अमूल्य योगदान की प्रशंसात्मक अभिव्यक्ति का समावेश उल्लेख्य है –

भारतेंदु कर गए, भारत की वीणा निर्माण
किया अमर स्पर्शों में, जिसका बहुविधि स्वर संधान।

भारत के राष्ट्रगान 'जन गण मन' और विश्व-विख्यात 'गीतांजलि' के रचयिता विश्वकवि, साहित्य-सर्जक, कला मर्मज्ञ, युगद्रष्टा, युगपुरुष, नोबेल पुरस्कार से सम्मानित गुरुदेव रवीन्द्र नाथ टैगोर और सशक्त स्त्रीपात्रों को अपनी रचनाओं में प्राथमिकता देने में

सिद्धहस्त, बंगला साहित्य के सशक्त हस्ताक्षर, उपन्यासकार, कहानीकार, नाटककार, निबंधकार, अनेक कालजयी कृतियों के सर्जक लब्ध-प्रतिष्ठ शरतचन्द्र चट्टोपाध्याय पर सुधा जी का शोधपरक लेखन सराहनीय है।

लेखिका ने आधुनिक हिंदी कहानी के पितामह, उपन्यास सम्राट, कलम के सिपाही, कलम के जादूगर प्रेमचंद जी के अमूल्य साहित्यिक योगदान का सारगर्भित विवेचन प्रस्तुत किया है। प्रेमचंद और सुदर्शन की परंपरा को विकसित करने वाले कहानीकार, मानवतावादी एवं मनोवैज्ञानिक विश्लेषक, 'आवारा मसीहा' के महान रचनाकार पद्मभूषण विष्णु प्रभाकर, बहुमुखी प्रतिभासंपन्न कालजयी कृति 'तमस' के लेखक, बहुभाषी, शिक्षक, अनुवादक, अभिनेता, देशभक्त एवं समाजसेवी भीष्म साहनी के योगदान पर सुधा जी का गंभीर चिंतन है। नयी कहानी आंदोलन के अग्रदूत प्रतिष्ठित कथाकार, उपन्यासकार, नाटककार, चिंतक-मोहन राकेश, हिंदी कहानी में आधुनिकता का बोध लाने वाले कहानीकारों में अग्रणी, 'नयी कहानी' विधा के प्रणेता निर्मल वर्मा और ख्यातिलब्ध साहित्यकार, संपादक, कवि, उपन्यासकार डॉ॰ धर्मवीर भारती के व्यक्तित्व एवं उत्कृष्ट योगदान का सम्यक् विवेचन नितांत प्रशंसनीय है। लखनऊ के साहित्य-जगत के चमकते सितारे, बहुआयामी सशक्त साहित्य - सर्जक, बाल-साहित्य के लब्ध प्रतिष्ठ, लोकप्रिय रचनाकार संजीव जायसवाल 'संजय' का परिचयात्मक विवरण उत्साहवर्द्धक एवं अभिनंदनीय है।

महाकवि निराला के अनुसार हिंदी के विशाल मंदिर की सरस्वती, आधुनिक काल की मीरा, पद्मभूषण, पद्मविभूषण महीयसी महादेवी वर्मा की बहुआयामी सृजन-यात्रा की लेखिका ने सार्थक विवेचना की है। पंजाबी एवं हिंदी की सुप्रसिद्ध लेखिका, कवयित्री अमृता प्रीतम के व्यक्तित्व, अंतरंग अनुभव व अनुभूतियों के साथ कृतित्व का परिचय उल्लेखनीय है। इसी क्रम में कुमाऊँ क्षेत्र की लोकसंस्कृति एवं मुख्यत: स्त्री-पात्रों पर केंद्रित सशक्त रचनाओं के लिए सुविख्यात, लोकप्रिय साहित्यकार बहुभाषाविद् पद्मश्री गौरा पन्त शिवानी, अपने बोल्ड लेखन और विशिष्ट स्त्री-विमर्श

के लिए प्रसिद्ध साहित्यकार कृष्णा सोबती, बीसवीं सदी में नारी-मुक्ति आंदोलन तथा स्त्रीवादी चिंतन के लिए बहुचर्चित कथाकार डॉ॰ प्रभा खेतान की जीवनी एवं संपूर्ण साहित्यिक परिचय भी समाविष्ट किया है।

लेखिका ने आधुनिक हिंदी कहानी लेखन को एक नई दिशा प्रदान करके अपनी पृथक पहचान बनाने वाली प्रख्यात, लोकप्रिय कथाकार मालती जोशी और बहुमुखी प्रतिभा की धनी, अपने स्त्री-विमर्श विषयक सशक्त लेखन द्वारा समाज को नवीन दिशा देने से प्रसिद्धि अर्जित करने वाली मृदुला गर्ग के साहित्यिक योगदान को समाहित किया है। इन दोनों कथाकारों की सशक्त लेखनी की गतिशीलता के साथ उनके दीर्घायु होने की लेखिका द्वारा कामना करना नितांत स्तुत्य है।

विदुषी लेखिका ने कृति में समाहित साहित्यकारों के जीवन परिचय में जन्म, बाल्यावस्था, व्यक्तित्व, शिक्षा, विवाह आदि के साथ अंतरंग घटनाओं आदि का और साहित्यिक योगदान में लेखन-कार्य, प्रकाशित कृतियों, सम्मान-पुरस्कार, भाषा-शैली एवं साहित्यिक कृतियों के वैशिष्ट्य के सम्यक् निरूपण के साथ निधन की तिथि का भी उल्लेख किया है। संपूर्ण कृति में सहज, बोधगम्य किंतु स्तरीय भाषा का प्रयोग हुआ है और शैली प्रवाहपूर्ण है। तथ्यानुसंधान एवं प्रस्तुतिकरण की दृष्टि से यह अमूल्य दस्तावेज है। मेरी शुभेच्छा है कृति का साहित्य-जगत में सम्यक् स्वागत हो और सुधी साहित्य प्रेमियों द्वारा सराहना मिले। मुझे पूर्ण विश्वास है कृति में प्रस्तुत ज्ञानवर्द्धक, उपयोगी सामग्री से विद्यार्थी एवं शोधार्थी अवश्य ही लाभान्वित होंगे।

लेखिका सुधा कसेरा जी को इस महत्वपूर्ण सर्जना के लिए हार्दिक बधाई एवं शुभकामनाएँ। मैं सुधा जी के स्वस्थ, सुखी, सृजनरत जीवन एवं उज्ज्वल भविष्य की कामना करती हूँ। उनकी लेखनी साहित्य-सृजन में अविराम गतिशील रहे और साहित्य की श्रीवृद्धि करती रहे।

अपरिमित मंगलकामनाओं सहित।

16.10.2020

उ. सिन्हा
उषा सिन्हा)
पूर्व अध्यक्ष भाषाविज्ञान विभाग

—x—

विचार

हमारे ज्यादातर वर्तमान हिंदी साहित्यकारों और लेखकों की हमेशा शिकायत रहती है कि आज का पाठक वर्ग हिंदी साहित्य व साहित्यकारों की कद्र नहीं करता और पढ़ने में लोगों की रुचि समाप्त होती जा रही है। ये ऐसे साहित्यकार हैं जो अल्प लेखन और कम मेहनत से साहित्य के आकाश में चांद सूरज बनने की तमन्ना रखते हैं। ये वो साहित्यकार हैं जो न अपने लेखन की ईमानदार समीक्षा करना या करवाना चाहते हैं, न पाठकों की रुचि या उनकी जरूरत पर इनकी पकड़ है। फास्टफूड के जमाने के ये लेखक- लेखिकाएं तुरंत साहित्य लिखकर तुरंत ख्याति की उम्मीद रखते हैं।

वैसे हिंदी में पाठकवर्ग की उदासीनता के लिए हिंदी साहित्य के प्रचार प्रसार में दखल रखने वाले और इसकी जिम्मेदारी निभाने वाले भी कुछ हद तक जिम्मेदार हैं। पाठक वर्ग में गंभीर व अच्छे साहित्यकारों के साहित्य की समुचित जानकारी का प्रचार प्रसार न हो पाने के कारण भी ऐसा हो, रहा है।

हम अपने प्रतिष्ठित साहित्यकारों के व्यक्तित्व और कृतित्व को लोगों तक पहुंचाने की कोशिश करें तो पाठक वर्ग में अवश्य ही उनके साहित्य के प्रति रुचि व आकर्षण जागृत होगा। इस बात को समझते हुए लेखिका सुधा कसेरा जी ने विभिन्न कालखंड के चर्चित हिंदी साहित्यकारों के व्यक्तित्व और उनके साहित्य की विस्तृत जानकारी देने की कोशिश की है, अपनी प्रस्तुत पुस्तक --'साहित्यवीर' में।

पुस्तक में कुल 18 साहित्यकारों पर विस्तार पूर्वक जानकारी दी गई है। इनमें से बहुत से तथ्य तो आम हिंदी पाठकों के लिए बिल्कुल नए और चौंकाने वाले हो सकते हैं।

भारतेंदु हरिश्चंद्र, मोहन राकेश, कृष्णा सोबती, महादेवी वर्मा, निर्मल वर्मा, रवीद्र नाथ टैगोर, संजीव जायसवाल संजय, विष्णु प्रभाकर, प्रेमचंद, अमृता प्रीतम, शरतचंद्र चट्टोपाध्याय, शिवानी, भीष्म साहनी, मृदुला गर्ग, प्रभा खेतान, डॉ धर्मवीर भारती, मालती जोशी और हरिवंश राय बच्चन जैसे साहित्यकारों पर दी गई जानकारी बेहद रोचक अंदाज में प्रस्तुत की गई है। सुधा कसेरा जी ने साहित्यकारों की शिक्षा, पेशे, संघर्षमय जीवन, भाषा शैली, स्वभाव, लेखन की विविधता और उत्कृष्टता पर बहुत बारीक जानकारियां दी हैं, जो न सिर्फ पठनीय व संग्रह योग्य हैं, बल्कि प्रेरक भी हैं।

इस पुस्तक में लेखक-लेखिकाओं से जुड़े विवाद और उनकी अलग सोच व विचारधारा पर भी प्रकाश डाला गया है। किसी भी साहित्य प्रेमी के लिए तो यह पुस्तक आवश्यक है ही, विद्यार्थियों के लिए भी यह बेहद उपयोगी है। शोध में दिलचस्पी लेने वाले छात्रों के लिए भी पुस्तक बहुत काम की साबित हो सकती है। इतना ही नहीं मौजूदा दौर के लेखक और साहित्यकार, जो अक्सर यह शिकायत करते हैं कि उन्हें गंभीरता से नहीं लिया जाता उन्हें भी इन चर्चित लेखकों व साहित्यकारों के जीवन, उनके संघर्ष और कृतित्व के बारे में जानकारी हासिल करके अपने कर्म के प्रति गंभीरता से विचार करना चाहिए।

शिखर चंद जैन
मोटिवेशनल लेखक, बाल साहित्यकार एवम् स्तंभ लेखक
ईमेल jainshikhar6@gmail.com
मोबाइल 9836067535

दो शब्द

लेखिका सुधा कसेरा जी की पुस्तक 'साहित्यवीर' एक ऐसा सागर मंथन का मोती है, जिसमें लेखकों और कवियों की रचनाओं से परे उनके जीवन के महत्वपूर्ण पहलुओं के बारे में भी बताया गया है। भाषा सहज और रोचक होने के कारण पाठक उनके बारे में आनंदपूर्वक पढ़ता चला जाता है। उनके इस किताब के लेखन का उद्देश्य रचनाकारों के जीवन से प्रेरणा लेना है, इसलिए यह तभी सफल है, जब उनके जीवन के संस्मरणों को याद रख कर पाठकों द्वारा उन्हें आत्मसात किया जाए। सुधा कसेरा जी ने बहुत ही करीब से सभी कथाकारों, कवियों के विषय में इस पुस्तक में वर्णन किया है और जिस तन्मयता से उन्होंने सभी के गूढ़ विषय-वस्तु को बताया है, अद्भुत है। कितने जानते हैं कि 'भारतेंदु हरिश्चंद्र' हिंदी थियेटर के पितामह भी थे! ऐसी बहुत सी महत्वपूर्ण बातों से लेखिका ने रूबरू करवाया है।

पुस्तक के सफल विमोचन पर आपको बहुत-बहुत शुभकामनाएं।

उर्मिला पाण्डेय (हिंदी अध्यापिका)
'द हैदराबाद पब्लिक स्कूल', रामंतपुर,
हैदराबाद (तेलंगाना)

अनुक्रमणिका

भारतेंदु हरिश्चन्द्र

'यदि भारतेंदु होते तो आज हिंदी दिवस सार्थक होता'

भारतेन्दु हरिश्चन्द्र आधुनिक हिंदी साहित्य के साथ-साथ हिंदी थियेटर के भी पितामह माने जाते हैं। 14 सितंबर 1947 को स्वतंत्र भारत के संविधान सभा ने निर्णय किया कि 'हिन्दी' भारत की 'राजभाषा' होगी, इसीलिए इस दिन को हर वर्ष 'हिन्दी दिवस' के रूप में मनाया जाता है, लेकिन यदि इससे करीब 100 वर्ष पूर्व काशी के भारतेंदु हरिश्चंद्र ने अपना जीवन हिन्दी की सेवा में समर्पित नहीं किया होता तो यह कतई संभव नहीं हो पाता।

जन्म और बचपन

महान विभूति हरिश्चंद्र का जन्म 9 सितंबर, 1850 को काशी के एक प्रतिष्ठित वैश्य परिवार में हुआ था। उनके पूर्वज अंग्रेज-भक्त थे, इसलिए उनकी कृपा से ही वे लोग धनवान हुए थे।

उनका मूल नाम 'हरिश्चन्द्र' था, 'भारतेन्दु' उनको दी गई उपाधि थी। उनके पिता गोपालचंद्र 'गिरधरदास' उपनाम से कविता लिखा करते थे, इसलिए हरिश्चंद्र को काव्य-प्रतिभा अपने पिता से विरासत में मिली थी।

हरिश्चंद्र पांच वर्ष के थे तो उनकी माता की और दस वर्ष के थे तो पिता की मृत्यु हो गई। इस प्रकार वे बचपन में ही माता-पिता के सुख से वंचित हो गये थे। विमाता ने उन्हें बहुत सताया था, इसलिए उन्हें बचपन का सुख नहीं मिला।

भारतेन्दु हरिश्चन्द्र ने पांच वर्ष की अवस्था में ही निम्नलिखित दोहा बनाकर अपने पिता को सुनाया और उनसे सुकवि होने का आशीर्वाद प्राप्त

करके 'पूत के पांव पालने में ही दिख जाते हैं' इस लोकोक्ति को चरितार्थ करके सबको अचंभित कर दिया था।

लै ब्योढ़ा ठाढ़े भए श्री अनिरुद्ध सुजान।
बाणासुर की सेन को हनन लगे भगवान।

शिक्षा

बाल्यावस्था में ही माता-पिता की छत्र-छाया उनके सिर से उठ जाने के कारण उनकी स्कूली शिक्षा में व्यवधान पड़ गया। उन्होंने बाद में क्वींस कॉलेज, बनारस में प्रवेश लिया और तीन-चार वर्षों तक कॉलेज गए, लेकिन वहां पढ़ाई की विषय-वस्तु और पद्धति से उनका मन उखड़ने लगा, इसलिए वहां से उनका मन बार-बार पलायन करता रहा। उनकी स्मरण शक्ति बहुत तीव्र थी और ग्रहण क्षमता भी अद्भुत थी, इसलिए परीक्षाओं में उत्तीर्ण होते रहे। बनारस में उन दिनों अंग्रेजी पढ़े-लिखे और प्रसिद्ध लेखक- राजा शिवप्रसाद 'सितारेहिन्द' रहते थे। भारतेन्दु ने शिष्य भाव से उनके सामीप्य में रहकर, उन्हीं से अंग्रेजी सीखी। उन्होंने स्वाध्याय से संस्कृत, मराठी, बंगला, गुजराती, पंजाबी, उर्दू भाषाएं सीख लीं।

वैवाहिक जीवन

13 वर्ष की अल्पायु में ही उनका विवाह काशी के रईस लाला गुलाब राय की पुत्री मन्ना देवी से हो गया। उनके दो पुत्र और एक पुत्री थी। दोनों पुत्रों की बाल्यावस्था में ही मृत्यु हो गयी। पुत्री विद्यावती बहुत शिक्षित थी।

व्यक्तित्व

भारतेंदु का व्यक्तित्व संवेदनशील होने के कारण उनमें स्वतन्त्र रूप से देखने-सोचने-समझने की आदत का विकास बहुत जल्दी होने लगा।

उनके काल में भारत में अंग्रेजों का राज्य था और अंग्रेजी भाषा का ही बोलबाला होने के कारण भारतीय संस्कृति एवं साहित्य की गरिमा विलुप्त होती जा रही थी। सारे सरकारी काम-काज अंग्रेजी में होते थे। ऐसे में भारतीय भी अंग्रेजी भाषा बोलने एवं समझने में अपनी शान मानते थे।

ऐसी विषम परिस्थितियों से हार न मानते हुए भारतेंदु हरिश्चंद्र ने अपना सम्पूर्ण जीवन हिदी भाषा की सेवा में अर्पित कर दिया। अपनी देशभक्ति की भावना के कारण उनको अंग्रेजी शासकों का कोपभाजन भी बनना पड़ा, लेकिन उनका कहना था-

निज भाषा उन्नति अहै, सब उन्नति को मूल।

बिन निज भाषा-ज्ञान के, मिटत न हिय को सूल।

(अर्थात - मातृभाषा की उन्नति के बिना किसी भी समाज की तरक्की संभव नहीं है तथा अपनी भाषा के ज्ञान के बिना मन की पीड़ा को दूर करना भी कठिन है) और जीवन-पर्यंत उन्होंने हिन्दी को राष्ट्र- स्तर पर मान्यता दिलाने के लिए संघर्ष किया।

हिन्दी में आधुनिकता के पहले रचनाकार थे

हमें मालूम होना चाहिए कि आज का हिंदी साहित्य जहां खड़ा है उसकी नींव का ज्यादातर हिस्सा भारतेंदु हरिश्चंद्र और उनकी मंडली ने खड़ा किया था। उनके साथ 'पहली बार' वाली उपलब्धि जितनी बार जुड़ी है, उतनी बहुत ही कम लोगों के साथ जुड़ पाती है। इसलिए कई आलोचक उन्हें हिंदी साहित्य का महान 'अनुसंधानकर्ता' भी मानते हैं।

साहित्यिक योगदान

पन्द्रह वर्ष की अवस्था से ही भारतेंदु ने साहित्य सेवा प्रारंभ कर दी थी। अठारह वर्ष की अवस्था में उन्होंने 'कविवचनसुधा' नामक पत्रिका निकाली, जिसमें उस समय के बड़े-बड़े विद्वानों की रचनाएं छपती थीं।

वे बीस वर्ष की अवस्था में 'ऑनरेरी मैजिस्ट्रेट' बनाए गए और आधुनिक हिन्दी साहित्य के जनक के रूप में प्रतिष्ठित हुए।

उन्होंने 1868 में 'कविवचनसुधा', 1873 में 'हरिश्चन्द्र मैगजीन' और 1874 में स्त्री शिक्षा के लिए 'बाला बोधिनी' नामक पत्रिकाएं निकालीं साथ ही उनके समांतर साहित्यिक संस्थाएं भी खड़ी कीं।

भारतेंदुजी ने हिंदी सहित्य में सभी विधाओं को नवीन एवं

आधुनिक रूप प्रदान किया। आधुनिक अर्थात व्यवहारिक जगत और तर्क पर आधारित विषय वस्तु को शामिल किया।

इनसे पहले की हिंदी साहित्य की रचनायें पूर्णतया प्रेम, भक्ति एवं अलौकिक जगत पर आधारित होती थीं। सामाजिक समस्याओं एवं तर्क से उनका कोई लेना-देना नहीं था, इसलिए दुनियावी जरूरतों से बिल्कुल कटा हुआ था। इसे अपने प्रयासों से उन्होंने बदल डाला। उनके विचार ईश्वर और आस्था की जगह मानव और तर्क को केंद्र में रखता था, इसलिए इसके प्रभाव में रचा गया साहित्य व्यवहारिक जीवन से जुड़ा होता था।

वे उन चंद शुरुआती लोगों में से थे, जिन्होंने साहित्यकारों से आह्वान किया कि वे इस दुनिया की खूबियों-बुराइयों पर लिखें न कि परलोक से जुड़ी व्यर्थ की बातों पर।

उन्होंने हिंदी साहित्य को देश की सामाजिक संस्कृति की खूबियों के साथ-साथ पश्चिम की भौतिक और वैज्ञानिक सोच से परिपूर्ण करने की पूरी कोशिश की।

वे साहित्य में बुद्धिवाद, मानवतावाद, व्यक्तिवाद, न्याय और सहिष्णुता के गुण लेकर आए। उन्होंने अपनी लेखनी से लोगों में अपनी संस्कृति और भाषा के प्रति प्रेम की अलख जगाने का प्रयास किया।

नाटक में योगदान

भारतेंदु का साहित्य में सबसे बड़ा योगदान नाटक और रंगमंच के क्षेत्र में रहा। उन्होंने पहली बार हिंदी में मौलिक नाटकों की रचना की। अपने छोटे से जीवन में भारतेंदु ने मौलिक और अनूदित मिलाकर 17 नाटक रचे।

इसके अलावा वे एक अच्छे अभिनेता भी थे, इसलिए रंगमंच में भी उन्होंने कई प्रयोग किए। उन्हें हिंदी का पहला आधुनिक नाटककार और मौलिक नाट्य चिंतक माना गया। उन्हें हिंदी नाटक का युग प्रतिष्ठाता माना गया है।

उन्होंने नाटक के कथानक को काफी विविध आयामों से सजाया।

उनसे पहले के नाटक धार्मिक और भावुकता प्रधान थे। इसकी जगह उन्होंने पौराणिक, ऐतिहासिक, राजनीतिक और सामाजिक नाटक लिखे। इसके द्वारा उन्होंने लोगों की तार्किक सोच को बढ़ावा देने की कोशिश की।

उनके लिखे भारत-दुर्दशा, अंधेर नगरी, वैदिकी, हिंसा न भवति जैसे नाटक अभी भी मंचित हो रहे हैं। ये सभी प्रहसन की श्रेणी में भी आते हैं। हिंदी में पहली बार प्रहसन लिखने की शुरुआत उन्होंने ही की और उसे उसके शीर्ष तक भी पहुंचाया।

उनका रंगमंच के क्षेत्र में काफी योगदान रहा। वेश, वाणी, अभिनय के स्वरूप और गीतों के स्वाभाविक प्रयोग आदि पर इन्होंने काफी काम किया। उन्होंने पारसी और पश्चिमी थिएटर के अत्यधिक प्रभाव को दूर करते हुए, हिंदी रंगमंच की स्थापना की।

एक पत्रकार के रूप में योगदान

भारतेंदु एक श्रेष्ठ पत्रकार भी थे। उन्होंने बालाबोधनी, कवि वचन सुधा और हरिश्चंद्र मैगजीन (बाद में हरिश्चंद्र पत्रिका) जैसी पत्रिकाओं का प्रकाशन और संपादन कर साहित्य से अलग विषयों और समस्याओं पर लिखा।

इन पत्रिकाओं के जरिए उन्होंने न केवल नई किस्म की भाषा का विकास किया, बल्कि आधुनिक भारत की समस्याओं पर भी खुलकर चिंतन किया, वे इन पत्रिकाओं के जरिए अक्सर देश प्रेम विकसित करने की कोशिश किया करते थे। हरिश्चंद्र ने इन पत्रिकाओं के लिए ढेरों निबंध, आलोचना और रिपोर्ताज लिखे।

आलोचकों के अनुसार इन विधाओं की स्थापना भारतेंदु और इनके साथियों के प्रयासों से ही हुई। अपनी पत्रिकाओं में विविध विषयों पर लिखे अपने लेखों से उन्होंने अन्य लेखकों को भी प्रेरित किया।

आलोचकों के अनुसार उनके साथी बालकृष्ण भट्ट और प्रताप नारायण मिश्र की लेखनी पर भारतेंदु का स्पष्ट प्रभाव दिखता था। उन्होंने

दिखाया कि कैसे साहित्य से इतर विधाओं में भी आम-जीवन से जुड़े विषयों पर लिखा जा सकता है। इन वजहों से उनकी पत्रिका लोगों में हिंदी के प्रति अभिरुचि विकसित करने में सफल हुई।

भारतेंदु हरिश्चंद्र का कृतित्व बहुआयामी था, विशेषकर गद्य साहित्य में । आधुनिक हिंदी साहित्य के सभी पक्षों के बीज उनकी रचनाओं में मिल जाते हैं। उन्होंने अपने को साहित्य के किसी एक पक्ष तक सीमित नहीं रखा था। वे 'कुछ आपबीती, कुछ जगबीती' नामक उपन्यास भी लिख रहे थे, लेकिन असमय निधन से वे यह काम पूरा न कर सके। उनका यह सपना बाद में उनके साथी 'श्रीनिवास दास' ने हिंदी का पहला उपन्यास 'परीक्षा गुरु' लिखकर पूरा किया।

भारतेन्दु के विस्तृत साहित्यिक योगदान के कारण ही 1857 से 1900 तक के काल को 'भारतेन्दु युग' के नाम से जाना जाता है।

आचार्य रामचंद्र शुक्ल के अनुसार, 'भारतेन्दु अपनी सर्वतोमुखी प्रतिभा के बल से एक ओर तो पद्माकर, द्विजदेव की परंपरा में दिखाई पड़ते थे, तो दूसरी ओर बंग देश के माइकेल और हेमचन्द्र की श्रेणी में। प्राचीन और नवीन का सुंदर सामंजस्य भारतेन्दु की कला का विशेष माधुर्य है।'

उन्होंने हिंदी साहित्य के दायरे का चहुंमुखी विकास किया। इनके लेखन में दोहा, चौपाई, हरिगीतिका, छंद, बरवे, कवित्त, सवैया आदि में उत्कृष्टता का परिचय मिलता है। इसके अतिरिक्त नाटक, निबंध, कविता एवं कहानी के क्षेत्र में भी अभूतपूर्व योगदान दिया। सुमित्रानंदन पन्त इनके हिंदी साहित्य में योगदान की प्रशंसा करते हुए लिखते हैं।

भारतेंदु कर गए, भारती की वीणा निर्माण।
किया अमर स्पर्शों में, जिसका बहुविधि स्वर संधान।'

समाज-सेवा में भी बहुत योगदान

भारतेंदु जी ने साहित्य द्वारा समाज-सेवा में भी बहुत योगदान दिया। 1850 के आसपास के भारत में भ्रष्टाचार, प्रांतवाद, अलगाववाद,

जातिवाद और छुआछूत जैसी समस्याएं अपने चरम पर थीं। हरिश्चंद्र बाबू को ये समस्याएं आहत करती थीं। इसलिए उन्होंने समाज में गहरी जड़ें जमा चुकी इन समस्याओं पर अपने नाटकों, प्रहसनों के व्यंग्य के माध्यम से करारा प्रहार किया था। अपनी मंडली के साहित्यकारों की सहायता से उन्होंने नए-नए विषयों और विधाओं का सृजन किया। कुल मिलाकर उन्होंने पुराने ढर्रों का बहिष्कार कर नवीनता का समावेश करने की कोशिश की। उन्होंने कई संस्थाओं की स्थापना में अपना योगदान दिया। दीन-दुखियों, साहित्यिकों तथा मित्रों की सहायता करना वे अपना कर्तव्य समझते थे।

नाटक-

वैदिक हिंसा हिंसा न भवति (1873)

भारत दुर्दशा (1875)

सत्य हरिश्चंद्र(1876)

श्री चंद्रावली (1876)

नीलदेवी (1881)

अँधेर नगरी (1881)

काव्य-कृतियां-

भक्त-सर्वस्व (1870)

प्रेम-मालिका (1871)

प्रेम-माधुरी (1875)

प्रेम-तरंग (1877)

उत्तरार्द्ध-भक्तमाल (1876-77)

प्रेम-प्रलाप (1877)

गीत-गोविंदानंद (1877-78)

होली (1879)

मधु-मुकुल (1881)

राग-संग्रह (1880)

वर्षा-विनोद (1880)

विनय प्रेम पचासा (1881)

फूलों का गुच्छा (1882)

प्रेम-फुलवारी (1883)

कृष्णचरित्र (1883)

कुछ अन्य काव्य-रचनाएं, जिनके प्रकाशन का समय ठीक-ठीक ज्ञात नहीं हैं-

बंदर-सभा (हास्य-प्रधान काव्यकृति) बकरी का विलाप (हास्य-प्रधान काव्यकृति)

दान-लीला (भक्ति-प्रधान काव्यकृति)

सतसई श्रृंगार (श्रृंगार-प्रधान काव्यकृति)

कहानी

अद्‌भुत अपूर्व स्वप्न

यात्रा वृत्तान्त

सरयूपार की यात्रा

लखनऊ

आत्मकथा

एक कहानी- कुछ आपबीती, कुछ जगबीती

उपन्यास

पूर्णप्रकाश

चन्द्रप्रभा

सम्मान

उनके हिन्दी-साहित्य की सेवा से प्राप्त लोकप्रियता से प्रभावित

होकर काशी के विद्वानों पं. रघुनाथ, पं. सुधाकर द्विवेदी, पं. रामेश्वर दत्त व्यास द्वारा दिए गए प्रस्ताव पर उन्हें 1880 में 'भारतेंदु' पदवी से सुशोभित किया गया। तभी से इनके नाम के साथ यह उपाधि जुड़ गयी है।

भारतेन्दु हरिश्चन्द्र पुरस्कार

यह पुरस्कार 1983 से भारत सरकार के सूचना और प्रसारण मंत्रालय के प्रकाशन विभाग द्वारा विभिन्न श्रेणियों में हिन्दी रचनाओं के लिये दिया जाता है। आरम्भ में यह पुरस्कार पत्रकारिता और जनसंचार में दिए जाने तक सीमित था। बाद में 1992 में अन्य तीन श्रेणियों, राष्ट्रीय एकता, महिलाओं के मुद्दे और बाल साहित्य को भी जोड़ा गया था।

निधन

भारतेंदु स्वभाव से अति उदार थे। दीन-दुखियों की सहायता, देश-सेवा और साहित्य-सेवा में उन्होंने अपने धन को बहुत लुटाया। इस उदारता के कारण उनकी आर्थिक दशा शोचनीय हो गयी तथा वे ऋणग्रस्त हो गये। ऋण की चिंता से उनका शरीर क्षीण होकर क्षय रोग से ग्रस्त हो गया। परिणाम स्वरूप दुर्भाग्य से ऐसी अद्वितीय प्रतिभा अपने जीवन के चौथे ही दशक में, सिर्फ 34 साल चार महीने की छोटी सी आयु में छह जनवरी, 1885 को दुनिया से कूच कर गई। दुनिया छोड़ने से पहले वे साहित्य के क्षेत्र में इतना कार्य कर गए कि आश्चर्य होता है कि कोई इंसान इतनी छोटी सी उम्र में इतना कुछ कैसे कर सकता है। उन्होंने यह सिद्ध कर दिया कि 'जीवन बड़ा होना चाहिए लंबा नहीं'।

रवीन्द्रनाथ टैगोर

'राष्ट्र-गान 'जन गण मन' के रचयिता'

गुरुदेव के नाम से प्रसिद्ध रवीन्द्रनाथ टैगोर विश्वविख्यात कवि, साहित्यकार, दार्शनिक और दुनिया के अकेले ऐसे कवि थे, जिनकी रचनाएं दो देशों का राष्ट्रगान है - भारत का राष्ट्र-गान 'जन गण मन' और बांग्लादेश का 'आमार सोनार बांग्ला'। हिंदी साहित्य में नोबेल पुरस्कार प्राप्त करने वाले वे पहले एशियाई भारतीय और गैर-यूरोपीय थे।

जन्म और प्रारंभिक जीवन

रवीन्द्रनाथ का जन्म 7 मई 1861 को कोलकाता के जोरासांको ठाकुरबाड़ी में हुआ। उनके पिता देवेन्द्रनाथ टैगोर और माता शारदा देवी थीं। इनके पिता उपनिषदों के विद्वान के साथ ही हिंदु समाज में व्याप्त मूर्ति पूजा के महान विरोधी भी थे। कलकत्ता के गणमान्य लोगों में उनकी गिनती होती थी। राजा राममोहनराय के समाज सुधार के कार्यों का उन पर गहरा प्रभाव था, उनके बहुत से गुण गुरुदेव को उत्तराधिकार में प्राप्त हुए। वे तेरह भाई-बहनों में सबसे छोटे थे। जब वे छोटे थे तभी उनकी मां का देहांत हो गया। उनके पिता के अक्सर यात्रा पर रहने के कारण उनका लालन-पालन नौकरों-चाकरों ने ही किया।

शिक्षा

रवीन्द्रनाथ को पारंपरिक शिक्षा पद्धति, कक्षा में बैठकर पढ़ना पसंद नहीं था, आपको यह जानकार हैरानी होगी कि औपचारिक शिक्षा उनको इतनी नापसंद थी कि कोलकाता के प्रेसीडेंसी कॉलेज में जब उनको अध्ययन करने के लिए भेजा गया, तो वे वहां केवल एक दिन ही रुक सके।

उन्हें प्राकृतिक सौंदर्य से विशेष लगाव था। वे अपना समय शांत

चिंतन करने में व्यतीत करना अधिक पसंद करते थे। उनके भाई हेमेन्द्रनाथ उन्हें पढ़ाया करते थे, जिसमें तैराकी, कसरत, जूडो और कुश्ती भी शामिल थे। इसके अलावा उन्होंने ड्राइंग, शरीर रचना, इतिहास, भूगोल, साहित्य, गणित, संस्कृत और अंग्रेजी भी सीखी।

यद्यपि उन्होंने अपनी प्रारंभिक शिक्षा घर पर ही ग्रहण की थी, लेकिन उनमें जल्द ही साहित्यिक प्रतिभा विकसित हो गई और इससे इनकी एक उच्च प्रकार के कवि, विचारक और लेखक की अलग पहचान बन गई।

उन्होंने केवल सात वर्ष की आयु में ही बंगला भाषा में कविता लिखना सीख लिया था।

अपने उपनयन संस्कार के बाद रवीन्द्रनाथ अपने पिता के साथ कई महीनों के लिए भारत भ्रमण पर निकल गए। हिमालय स्थित पर्यटन-स्थल डलहौजी में उन्होंने इतिहास, खगोल विज्ञान, आधुनिक विज्ञान, संस्कृत का अध्ययन किया और कालिदास की कविताओं की विवेचना की।

रवीन्द्रनाथ के पिता उनको बैरिस्टर बनाना चाहते थे, इसलिए 17 वर्ष की अवस्था में, वर्ष 1878 में उन्हें लॉ की पढ़ाई के लिए इंग्लैंड भेज दिया, लेकिन कुछ समय बाद उन्होंने पढ़ाई छोड़ दी और ब्राइटन स्कूल के विद्यार्थी के रूप में वहां रहकर शेक्सपीयर और कुछ दूसरे साहित्यकारों की रचनाओं का स्व-अध्ययन किया। उन्होंने वहां औपचारिक शिक्षा तो प्राप्त नहीं की, पर पूर्व और पश्चिम की संस्कृतियों का उन्हें प्रत्यक्ष अनुभव प्राप्त करने का अवसर मिला। दोनों ही संस्कृतियों का सर्वश्रेष्ठ तत्व गुरुदेव के व्यक्तित्व का हिस्सा बन गया। सन 1880 में बिना लॉ की डिग्री के वे बंगाल वापस लौट आये।

टैगोर के अनुसार, 'सही शिक्षा एक उच्च उद्देश्य का पालन करती है। यह दिमाग के द्वारों को खोलने का कार्य करती है। यदि किसी लड़के से इस तरह से जागृत होने के लिए कहा जाए तो शायद वे इस पर अपने मूर्खतापूर्ण विचार देगा। शब्दों के ज्ञान की अपेक्षा जो आपके चारों ओर घटित हो रहा है वो अधिक महत्वपूर्ण है। जो लोग शिक्षा के परीक्षण के रूप

में विश्वविद्यालय की परीक्षाओं पर विश्वास करते हैं, उनका कोई विवरण न लें।' इन विचारों से लोगों को उनके आश्रम शांतिनिकेतन में मानववादी और समग्र शिक्षा पर विशेष ध्यान देने के साथ-साथ एक प्रयोगात्मक स्कूल में सीखने का मौका मिला।

विवाह और उनका पारिवारिक जीवन

1884 में इनका विवाह मृणालिनी देवी के साथ हुआ, लेकिन उनका वैवाहिक जीवन बहुत संक्षिप्त रहा, क्योंकि 1902 में ही वे स्वर्ग सिधार गयीं। उस समय उनकी सबसे बड़ी बेटी 15 वर्ष और छोटा बेटा मात्र सात वर्ष का था। आपकी कुल पांच संतानें थीं।

इंग्लैंड से वापस आने और अपनी शादी के बाद से लेकर सन 1901 तक का अधिकांश समय रवीन्द्रनाथ ने सिआल्दा (अब बांग्लादेश में) स्थित अपने परिवार की जागीर में बिताया।

वर्ष 1898 में उनके बच्चे और पत्नी भी उनके साथ यहां आकर रहने लगे थे। यहीं पर उनकी पत्नी और दो बच्चों की मौत भी हुई। उनके पिता भी सन 1905 में चल बसे।

अब गुरुदेव अपने नाती 'नीतू' के ऊपर ही अधिक निर्भर थे, जो उनके आश्रम 'शांतिनिकेतन' में उनके साथ रहता था। उससे वे बहुत प्रेम करते थे। सारा आश्रम उसके कारण खुशियों से भरा रहता था। उन्होंने उसे उच्च शिक्षा के लिए यूरोप भेजा, जहां उसकी तबियत बिगड़ी और एक दिन उनके जीवन की अंतिम ज्योति को भी काल के क्रूर हाथों ने बुझाकर उनसे छीन लिया।

कार्यक्षेत्र

1881 में उन्होंने 'वाल्मिकी प्रतिभा' पहला संगीत नाटक लिखा और 'साधना' 'भारती' और 'वंगदर्शन' मासिक का संपादन किया।

वर्ष 1891 से लेकर 1895 तक उन्होंने ग्रामीण बंगाल के पृष्ठभूमि पर आधारित कई लघु कथाएं लिखीं।

वर्ष 1901 में रवीन्द्रनाथ शान्तिनिकेतन चले गए। ग्रामीण क्षेत्र में स्थित शांतिनिकेतन में उन्होंने एक प्रायोगिक विद्यालय की स्थापना सिर्फ पांच छात्रों को लेकर की थी, जिनमें उनका अपना पुत्र भी था। इसके अतिरिक्त पुस्तकालय और पूजा स्थल का निर्माण भी किया, बहुत सारे पेड़ लगाये और एक सुन्दर बगीचा भी बनाया।

वे अपने व्यक्तिगत जीवन से बहुत दुखी थे, लेकिन भीतर का कवि कुछ नई नई प्रेरणा देकर उन्हें सम्बल देता और आगे बढ़ने के लिए प्रेरित करता रहा, तब आपने गीतांजलि लिखी, जिस को साहित्य का नोबेल पुरस्कार मिला, जिसके मिलने पर वे अपनी पत्नी, पिता और बच्चों को याद करके बहुत रोये।

1921 के अंत में शान्तिनिकेतन के विस्तार से राष्ट्रीय विश्वविद्यालय का दर्जा पाने वाले 'विश्वभारती' एक ऐसी संस्था का निर्माण हुआ, जहां पूर्व की सभी संस्कृतियों का मिलन होता है, दर्शन और कला की हर परम्परा एक दूसरे से सम्बन्ध बनाती है और पूर्व और पश्चिम के दार्शनिक, साहित्यकार एवं कलाकार अपनत्व महसूस करते हैं।

उन्होंने दूर तक फैले अपने जागीर में बहुत भ्रमण किया और ग्रामीण और गरीब लोगों के जीवन को बहुत करीबी से देखा।

सन 1921 में उन्होंनेकृषि अर्थशास्त्री 'लियोनार्ड एमहर्स्ट' के साथ मिलकर अपने आश्रम के पास ही 'ग्रामीण पुनर्निर्माण संस्थान' की स्थापना की। बाद में इसका नाम बदलकर 'श्रीनिकेतन' कर दिया गया।

वर्ष 1924 में समाज के वंचित हिस्से से जुड़े लोगों को शिक्षित करने और प्रशिक्षण देने के उद्देश्य से उन्होंने केवल 7 छात्रों के लिए 'शिक्षा-सत्र' की स्थापना की। इसे केंद्र सरकार द्वारा वर्ष 1951 में मान्यता दी गई थी।

अपने जीवन के अंतिम दशक में टैगोर सामाजिक तौर पर बहुत सक्रिय रहे। इस दौरान उन्होंने लगभग 15 गद्य और पद्य कोष लिखे। उन्होंने इस दौरान लिखे गए साहित्य के माध्यम से मानव जीवन के कई पहलुओं को छुआ।

रवीन्द्रनाथ ने बांग्ला साहित्य और संगीत को एक नई दिशा दी। उन्होंने बंगाली साहित्य में नए तरह के पद्य और गद्य और बोलचाल की भाषा का भी प्रयोग किया। इससे बंगाली साहित्य क्लासिकल संस्कृत के प्रभाव से मुक्त हो गया। रवीन्द्रनाथ टैगोर ने भारतीय सभ्यता की अच्छाइयों को पश्चिम में और वहां की अच्छाइयों को यहां पर लाने में प्रभावशाली भूमिका निभाई.

एक कवि, नेता या लेखक, कई प्रतिभाओं के इस व्यक्ति को वर्गीकृत करना अनुचित होगा, लेकिन शायद एक समाज सुधारक के रूप में टैगोर का योगदान सबसे महत्वपूर्ण था। एक समय जब भारत कई विघटनकारी शक्तियों से जूझ रहा था, तब जाति, संस्कृति, स्वतंत्रता और शिक्षा पर उनके विचार बहुत आवश्यक और प्रभावकारी थे।

राष्ट्रगान के रचयिता

1911 में इंग्लैंड के राजा 'जॉर्ज पंचम' के भारत आगमन पर उनके स्वागत में एक गीत लिखने की जिम्मेदारी गुरुदेव को ही दी गयी थी। उन्होंने 'जन गण मन अधिनायक जय हे' गीत लिखा, जो उनके स्वागत में पहली बार गाया गया, जिसके सारे के सारे शब्दों में अंग्रेजी राजा 'जॉर्ज पंचम' का गुणगान था।

इंग्लैंड लौटने के बाद उन्होंने इस गीत का अंग्रेजी में अनुवाद करवाया, जिसे सुनकर वे खुश होकर बोले, 'इतना सम्मान और इतनी खुशामद तो आज तक मेरे देश में नहीं हुई।' उन्होंने टैगोर को इंग्लैंड बुलाने का आदेश दिया। जॉर्ज पंचम उस समय नोबेल पुरस्कार समिति के अध्यक्ष भी थे। उन्होंने टैगोर को नोबेल पुरस्कार से सम्मानित करने का फैसला किया।

बाद में यह गीत कांग्रेस के हर समारोह में गाया जाने लगा। यह गीत एक विदेशी सम्राट की वंदना में गाया गया था, इसलिए टैगोर ने इसे हर अवसर पर गाने से अप्रसन्नता व्यक्त की और मृत्यु से पूर्व भी उन्होंने एक पत्र में इस गीत को किसी समारोह में न गाने की इच्छा व्यक्त की थी। आज यह हमारा राष्ट्र गान है। इसे बंगला में भी लिखा गया है।

साहित्य में योगदान

रवीन्द्रनाथ बहुमुखी प्रतिभा वाले एक महान रचनाकार थे। उनकी रचनाओं का संसार बहुत ही विस्तृत था। शिक्षा से संबंधित उनकी चार महत्वपूर्ण पुस्तकें हैं। सबसे अधिक प्रसिद्ध पुस्तक 'शिक्षा' है, जो प्रथम बार 1908 में प्रकाशित हुई।

अधिकतर लोग उनको एक कवि के रूप में ही जानते हैं, परन्तु वास्तव में ऐसा नहीं था, कविताओं के साथ-साथ उन्होंने उपन्यास, लेख, लघु कहानियां, यात्रा-वृत्तांत, ड्रामा और हजारों गीत भी लिखे।

रवीन्द्रनाथ द्वारा लिखित कविता संग्रह गीतांजलि वर्ष 1910 में प्रकाशित हुई थी। टैगोर की कई अन्य महत्वपूर्ण कृतियों में मानसी (1890), सोनार तारी (1894), गितिमल्या (1914) और राजा (1910) डाकघर (1912) आदि शामिल हैं।

उन्होंने एक दर्जन से अधिक उपन्यास लिखे। इनमें चोखेर बाली, घरे बहिरे, गोरा आदि शामिल हैं। उनके उपन्यासों में मध्यम वर्गीय समाज विशेष रूप से उभर कर सामने आया।

गुरुदेव के नाम से टैगोर ने बांग्ला साहित्य को एक नई दिशा दी। उन्होंने बंगाली साहित्य में नए तरह के पद्य और गद्य के साथ बोलचाल की भाषा का भी प्रयोग किया। इससे बंगाली साहित्य क्लासिकल संस्कृत के प्रभाव से मुक्त हो गया। उनकी रचनायें बांग्ला साहित्य में एक नई ऊर्जा ले कर आई।

उनकी प्रतिभा का अंदाजा इसी बात से लगाया जा सकता है कि उनकी पहली कविता मात्र 8 साल की उम्र में और 16 साल की उम्र में 'भानुसिम्हा' उपनाम से उनकी कविताएं और पहली लघुकथा प्रकाशित हुई।

उनकी कविताओं में नदी और बादल की अठखेलियों से लेकर अध्यात्मवाद तक के विभिन्न विषयों को बखूबी उकेरा गया है। उनकी कविता पढ़ने से उपनिषद की भावनाएं परिलक्षित होती हैं।

पुरस्कार और सम्मान

नोबेल पुरस्कार देने वाली संस्था स्वीडिश अकैडमी ने उनके कुछ कार्यों के अनुवाद और काव्यरचना गीतांजलि के लिये उन्हें सन 1913 में साहित्य का नोबेल पुरस्कार दिया।

सन 1915 में उन्हें राजा जॉर्ज पंचम ने 'नाइटहुड' की पदवी से सम्मानित किया, लेकिन 1919 में जलियांवाला बाग के हत्याकाण्ड के विरोध में उन्होंने इस उपाधि को लौटा कर ब्रिटिश साम्राज्यवाद का विरोध किया।

राजनीतिक दृष्टिकोण

जहां तक राष्ट्रीय स्वतंत्रता आंदोलन का संबंध था, रवीन्द्रनाथ राष्ट्रवादियों के लिए संकट की स्थिति में उपस्थित रहे। उन्होंने गांधी और अम्बेडकर के मध्य 'अछूतों के लिए पृथक निर्वाचक मंडल' मुद्दे पर हुए मतभेद को सुलझाने में एक शांतिप्रिय व्यक्ति की महत्वपूर्ण भूमिका निभाई थी।

वे बंगाल के सांस्कृतिक परिदृश्य में एक प्रतिष्ठित व्यक्ति और घोर राष्ट्रवादी थे, जिन्होंने स्वतंत्रता संग्राम के दौरान राष्ट्रीय चेतना को आकार देने के समर्थन में कई गीत 'चित्तो जेथा भयशून्य' ('व्हेयर दि माइन्ड इज विदाउट फियर') और 'एकला चलो रे' ('इफ दे आन्सर नॉट टू दि कॉल, वॉक अलोन') लिखे और ब्रिटिश राज की भर्त्सना करते हुए देश की आजादी की मांग की।

उन्होंने यूरोप के उपनिवेशवाद के साथ स्वदेशी आन्दोलन की आलोचना की और भारतीय राष्ट्रवाद का समर्थन करने के साथ कहा कि हमें भारत की समस्याओं के सर्वश्रेष्ठ समाधान के लिए आम जनता की शिक्षा पर ध्यान देना चाहिए - इस प्रकार हम स्वतंत्रता का मार्ग प्रशस्त कर सकते हैं। उनके इस तरह के विचारों को वास्तव में अधिक महत्व नहीं दिया गया और यहां तक कि एक बार ये किसी के द्वारा अपनी हत्या होने से बाल-बाल बचे।

यात्राएं

सन 1878 से लेकर सन 1932 तक उन्होंने 30 देशों की यात्रा की। उनकी यात्राओं का मुख्य उद्देश्य अपनी साहित्यिक रचनाओं को उन लोगों तक पहुंचाना था, जो बंगाली भाषा नहीं समझते थे।

उनकी अंतिम विदेश यात्रा सन 1932 में सीलोन (अब श्रीलंका) की थी।

अंतिम वर्ष और निधन

उन्होंने अपने जीवन के अंतिम 4 साल पीड़ा और बीमारी में बिताये। वर्ष 1937 के अंत में वे अचेत हो गए और बहुत समय तक इसी अवस्था में रहे। लगभग तीन साल बाद एक बार फिर ऐसा ही हुआ। इस दौरान वे जब कभी भी ठीक होते तो कविताएं लिखते। इस दौरान लिखी गयीं कविताएं उनकी बेहतरीन कविताओं में से हैं।

गुरुदेव अपने नाती 'नीतू' की मृत्यु के कष्ट को झेल नहीं पाए और ईश्वर से प्रार्थना करने लगे कि वह अब उन्हें बुला ले। लम्बी बीमारी के बाद 8 अगस्त 1941 को ईश्वर ने उनकी प्रार्थना सुनी और उन्होंने हमें रोता बिलखता छोड़ कर इस दुनिया को अलविदा कह दिया। उन्होंने एक से बढ़कर एक महानता के कार्य किये। इसीलिए संसार आज तक उन्हें सम्मान के साथ याद करता है।

शरतचन्द्र चट्टोपाध्याय

'आवारा मसीहा'

शरतचन्द्र चट्टोपाध्याय अपनी रचनाओं में पुरुष पात्रों की अपेक्षा स्त्री पात्रों के अधिक बलिष्ठ होने के कारण और अपने फक्कड़ स्वभाव के कारण, अपने समकालीन रचनाकारों से हट कर माने जाते हैं। वे बांग्ला के सबसे लोकप्रिय उपन्यासकार थे।

जन्म और बचपन

उनका जन्म हुगली जिले के देवानन्दपुर में 15 सितम्बर 1876 को हुआ। वे अपने माता-पिता की 9 सन्तानों में से एक थे। उनके पिता मतिलाल बेफिक्र स्वभाव के कारण किसी नौकरी में टिक नहीं पाते थे, इसलिए उनका परिवार गरीबी के गर्त में चला गया और उन्हें अपने परिवार के साथ देवानन्दपुर छोड़कर अपने ससुराल भागलपुर में रहना पड़ा, इसलिए शरत जी का बाल्यकाल देवानन्दपुर में तथा कैशोर्य भागलपुर में व्यतीत हुआ और पढ़ाई-लिखाई भी वहीं हुई।

शरतचन्द्र के नाना केदारनाथ गांगुली के परिवार की गिनती भागलपुर के आदमपुर में सभ्रांत बंगाली परिवार के रूप में होती थी। नाना कई भाई थे और संयुक्त परिवार में एक साथ रहते थे। इसलिए मामा तथा मौसियों की संख्या काफी थी। छोटे नाना अघोरनाथ गांगुली का बेटा मणिन्द्रनाथ उनका सहपाठी था।

शिक्षा

पांच वर्ष की अवस्था में ही उनका देवानन्दपुर के 'प्यारी पण्डित की पाठशाला' में प्रवेश कराया गया।

सन 1883 में शरतचन्द्र का दाखिला भागलपुर 'दुर्गाचरण एम.ई.'

स्कूल में कराया गया। वहां उनको छात्रवृत्ति मिलती थी। उनके नाना केदारनाथ गांगुली इस विद्यालय के मंत्री थे।

1893 ई. में 'हुगली' स्कूल के विद्यार्थी रहने के समय उनकी साहित्य-साधना का सूत्रपात हुआ।

1994 में, उन्होंने 'टीएन जुबली कॉलेजिएट' स्कूल से दसवीं कक्षा के बाद की प्रवेश परीक्षा द्वितीय श्रेणी में उत्तीर्ण की और उन्हें एफए कक्षा में भर्ती कराया गया, लेकिन घोर गरीबी के कारण वे अपनी आगे की शिक्षा छोड़ कर साहित्यसेवा में जुट गए।

व्यक्तित्व

गरीबी और अभाव में पलने के बावजूद शरत स्वभाव के नटखट थे। वे अपने समवयस्क मामाओं और बाल सखाओं के साथ खूब शरारातें किया करते थे, उनकी रचनाओं में भी उनके बचपन की शरारतें सहज दिखती हैं।

शरतचन्द्र, जिनको उन के ही कुल वालों ने अपनी कुल की मर्यादा को डुबोने वाला घोषित कर खुद से अलग माना था, क्योंकि जब वे भागने लायक उम्र के हुए तो जब-तब पढ़ाई-लिखाई छोड़कर भाग निकलते थे। इसपर परिवार में कोई विशेष शोर नहीं मचता था, पर जब वे लौटकर आते तो उनको मार पड़ती थी। शरत के इस बर्ताव के पीछे, उनके पिता का बेफिक्र स्वभाव के कारण अनियंत्रित वातावरण में बीता उनका बचपन था।

शरतचंद्र के समूचे व्यक्तित्व में इतनी परतें हैं कि कोई उन्हें आवारा मानता है तो किसी के लिए वे मसीहा हैं। किसी के लिए वे आदर्श हैं तो किसी के लिए सखा।

अनगिनत लोगों के मन में ये अनसुलझे सवाल हैं, 'आखिर तुम कौन हो शरत? क्या तुम वह हो जिसे अपनी पूरी जिन्दगी समस्याओं से जूझना पड़ा, समाज के तानों को सुनना पड़ा, गरीबी में जीना पड़ा, लेकिन उन सारी परिस्थितियों से लड़कर, जूझकर तुमने अपनी कलम को चलते

रहने दिया। जो सदियों से शोषित आधी आबादी को मुक्ति की राह दिखा गया। या तुम वह शरत हो, जिसने बेपरवाही और निश्चिंतता से तंबाकू पीते हुए साधू बनकर, सन्यासियों के साथ घूमते महीनों गुजार दिए, या बर्मा की तंग गलियों में कुलियों, मजदूरों के मध्य डॉक्टर बाबू के रूप में सम्मानित शरत हो।'

शरत ने अपना पूरा जीवन अनुशासनहीन और अव्यवस्थित ढंग से जिया। इतना अव्यवस्थित कि उनके बारे में व्यवस्थित ढंग से लिखना भी मुश्किल है। यह शरत ही थे जिन्हें लोग मन ही मन मसीहा मानते थे। मगर समाज ने उन्हें लगभग बहिष्कृत कर रखा था। विष्णु प्रभाकर ने शरत की कालजयी जीवनी पर किताब लिख कर उसका शीर्षक ही 'आवारा मसीहा' रखा। वे जब उनके जीवन के बारे में जानने के लिए भटक रहे थे तो उन्हें सुनने को मिलता था–

'छोड़िए महाराज, ऐसा भी क्या था उसके जीवन में जिसे पाठकों को बताए बिना आपको चैन नहीं, नितांत स्वच्छंद व्यक्ति का जीवन क्या किसी के लिए भी अनुकरणीय हो सकता है?'

कुछ ने तो यह भी कहा 'दो चार गुंडों–बदमाशों का जीवन करीब से देख लो, शरतचंद्र की जीवनी तैयार हो जाएगी।'

शरत जी कभी घबड़ा कर निराश नहीं हुए। एक बार शरत की कुछ किताबों के साथ उनके उपन्यास 'चरित्रहीन' की पांडुलिपि भी जल गई, जो करीब 500 पन्नों की थी, लेकिन शरत निराश या हताश नहीं हुये, बल्कि उन्होंने इसे पूरे जोश और मेहनत के साथ दोबारा लिखा।

इस तरह की कई छोटी–छोटी प्रेरक बातें हैं, जो शरतचंद्र चट्टोपाध्याय के जीवन से सीखी जा सकती हैं।

कार्यक्षेत्र

1896 से लेकर 1899 तक शरतचन्द्र भागलपुर शहर के आदमपुर क्लब के सदस्यों के साथ खेलकूद एवं अभिनय करने के अतिरिक्त

बिभूतिभूषण भट्ट के घर से उन्होंने एक 'साहित्यसभा' का संचालन किया, जिसके फलस्वरूप उन्होंने 'बड़ी दीदी', 'देवदास', 'चन्द्रनाथ', 'शुभदा' इत्यादि उपन्यास एवं 'अनुपमार प्रेम', 'आलो ओ छाया', 'बोझा', 'हरिचरण' इत्यादि कहानियों की रचना की और इन्हीं दिनों उन्होंने 'बासा' (घर) नाम से एक उपन्यास लिख डाला, पर यह रचना प्रकाशित नहीं हुई।

उन्होंने 'बनेली एस्टेट' में कुछ दिन नौकरी भी की, लेकिन 1900 में पिता से किसी कारण नाराज होकर वे सन्यासी वेष में घर छोड़ कर चले गए।

उनके जाने के थोड़े समय बाद ही, उनके पिता की मृत्यु हो गयी और उन्होंने भागलपुर वापस आकर पिता का श्राद्ध किया।

1902 में अपने मामा लालमोहन गंगोपाध्याय, उच्च न्यायालय के वकील के पास कलकत्ता चले गए और हिन्दी पुस्तकों का अंग्रेजी अनुवाद करने लगे, जिसके लिए उन्हें तीस रूपए प्रतिमाह मिलते थे।

इसी समय उन्होंने 'मन्दिर' नाम की एक कहानी लिखकर 'कुन्तलीन' नामक प्रतियोगिता में भेजी, जिसमें वे विजयी घोषित हुए।

छः महीने बाद शरतचन्द्र 1903 ई. के जनवरी मास में रंगून में अपने मामा के बहनोई वकील अघोरनाथ चट्टोपाध्याय के घर चले आए। उन्होंने उनके लिए बर्मा रेलवे के ऑडिट अफिस में एक अस्थायी नौकरी की व्यवस्था कर दी।

वहां उनका संपर्क बंगचंद्र नामक एक विद्वान् व्यक्ति से हुआ, लेकिन वह शराबी और स्वेच्छाचारी था। यहीं उनके उपन्यास 'चरित्रहीन' का बीज पड़ा, जिसमें मेस जीवन के वर्णन के साथ मेस की नौकरानी (सावित्री) से प्रेम की कहानी है।

दो वर्ष वह नौकरी करने के बाद वे गिरीन्द्रनाथ सरकार के साथ पेगु चले गए और वहां अबिनाश चट्टोपाध्याय के घर निवास किया।

1906 अप्रैल में उनको बर्मा के 'पब्लिक वर्क्स एकाउण्ट्स' ऑफिस

के डिप्टी एग्जामिनर मणीन्द्रनाथ मित्र की सहायता से इस ऑफिस में नौकरी मिल गयी और वे दस वर्ष तक यह नौकरी करते रहे।

1912, अक्टूबर में शरतचन्द्र एक मास की छुट्टी लेकर घर लौटे तो 'यमुना' नामक पत्रिका के सम्पादक फणीन्द्रनाथ पाल ने इस पत्रिका के लिए उनसे लेख भेजने का अनुरोध किया तो उन्होंने 'रामेर सुमति' नामक कहानी भेजी जो प्रकाशित हुई। इसके बाद उन्होंने 'भारतवर्ष' पत्रिका के लिए भी लेख भेजना शुरू किया।

1913 में फणीन्द्रनाथ पाल ने उनका उपन्यास 'बड़ी दीदी' नामक पुस्तक रूप में प्रकाशित किया। यह शरत की प्रथम मुद्रित पुस्तक है। एमसी सरकार एंड संस तथा गुरुदास चट्टोपाध्याय एंड संस ने उनके उपन्यासों को पुस्तक रूप में प्रकाशित किया।

1915 में शरत का 'यमुना' पत्रिका से सम्बन्ध-विच्छेद हुआ और वे नियमित रूप से 'भारतवर्ष' में लिखने लगे।

1916 में छुट्टी को लेकर हुए वैमनस्य के कारण वे नौकरी त्याग कर रंगून से घर वापस आ गए और वाजे-शिवपुर में रहने लगे।

1917 में उनका प्रसिद्ध उपन्यास 'श्रीकान्त' प्रकाशित हुआ, जिसे बर्मा से लौटने के बाद उन्होंने लिखना शुरू किया था।

1921 में उन्होंने कांग्रेस के आन्दोलन में योगदान किया।

1922 में ऑक्सफोर्ड यूनिवर्सिटी प्रेस से 'श्रीकान्त (प्रथम पर्व)' का अंग्रेजी रूपान्तर प्रकाशित हुआ। इसके बाद से शरत के यश में उत्तरोत्तर वृद्धि होने लगी। अनेक सभाओं तथा संस्थाओं के वे अध्यक्ष तथा मान्य सदस्य बनाये जाने लगे।

1936 में ढाका विश्वविद्यालय ने उन्हें 'आनरेरी डी. लिट्.' की उपाधि प्रदान की। अपने जीवन के उत्तर काल में शरत रवीन्द्रनाथ के भी स्नेह तथा प्रशंसा के भागी रहे।

विष्णु प्रभाकर द्वारा रचित उनके जीवन पर आधारित प्रामाणिक

उपन्यास 'आवारा मसीहा' बहुत प्रसिद्ध है।

साहित्यिक योगदान

देवदास, परिणीता, श्रीकांत जैसे मशहूर उपन्यास लिखने वाले शरतचंद्र चट्टोपाध्याय भले ही बांग्ला में लिखते थे, लेकिन उनकी रचनाओं के कई भारतीय भाषाओं में अनुवाद ने उन्हें देश विदेश में मशहूर कर दिया।

उन्होंने समाज के उन वर्गों की कहानियां लिखीं, जिन्हें लोग खुद से अलग और छोटा मानते थे। उन्होंने परखा और यह जाना कि जाति, वंश और धर्म आदि के नाम पर एक बड़े वर्ग के लोगों को मनुष्य की श्रेणी से ही अपदस्थ किया जा रहा है, तो उन्होंने उस शोषित समाजों के धूसर जीवन पर रचनात्मक हस्तक्षेप किया, जिसके चलते वे लाखों करोड़ों पाठकों के चहेते लेखक बने। समाज के निचले तबके को मजबूती से पेश करते उनके उपन्यास वर्तमान समय में भी प्रासंगिक लगते हैं।

मानव संवेदना को गहराई तक पढ़ने और छूने वाले, एक छोटे से शैतान बच्चे से लेकर बूढ़े व्यक्ति तक का मनोविज्ञान समझने वाले, अपने आस-पास घट रही घटनाओं से विचलित होकर उनपर बेबाक लिखने वाले शरत ने तथाकथित सभ्य बंगाली समाज की विसंगतियों को अपनी रचनाओं में उजागर किया था।

शरत ने पहली बार अपनी लेखनी से औरतों को नैतिकता का पाठ पढ़ाने के बजाय उन्हें अपने निर्णय लेने और अपने जीवन को तय करने का अधिकार दिया था। उनकी एक खासियत यह भी है कि उनके पुरुष पात्रों से उनकी नायिकाएं अधिक बलिष्ठ हैं। जिस जमाने में महिलाओं को अबला और बेहद कमजोर समझा जाता था, उस समय उन्हें एक मजबूत किरदार के रूप में शरतचंद्र ने पेश किया। उनके उपन्यासों में नारी परंपरागत बन्धनों से छटपटाती दृष्टिगोचर होती है। पुरुष और स्त्री के सम्बन्धों को एक नए आधार पर स्थापित करके, प्रेम को आध्यात्मिकता तक ले जाने में शरत का विशेष योगदान है।

शरतचंद्र ने अपने कुछ अविस्मरणीय लेखन की सरल शैली

द्वारा उस समय के नियमित पाठकों को पढ़ने के लिए बेहतरीन सामग्री दी, जिन्हें पढ़कर आज भी आंखों के कोर गीले हो जाते हैं, जिनकी कहानियां अनजाने ही आपको एक बेहतर इंसान बना देती हैं, जिनका जीवन यह प्रेरणा देता है कि अनंत मुश्किलों के बाद भी व्यक्ति महान बन सकता है, अमर हो सकता है।

उपन्यासकार प्रभात रंजन अपनी बहुचर्चित पुस्तक 'कोठागोई' में शरतचंद्र के मुजफ्फरनगर आने की चर्चा करते हुए लिखते हैं, 'वे यहां सरस्वती नाम की युवती से मिलते हैं, जो लेखन सीखने की ललक में शरत बाबू से मिलती है। नौ दिन बाद वह ट्रेन पकड़कर चली जाती है और एक चिट्ठी में सोने की निब वाला कलम छोड़ जाती है। सोने की निब वाले इसी कलम से शरत बाबू ने परिणीता लिखी।'

देवदास लिखने के बाद उन्होंने पहली प्रति पर लिखा 'पारो के लिए' और अपनी प्रिय कलम की निब तोड़ दी। उसके बाद उस कलम से कुछ नहीं लिखा गया। तो क्या शरत बाबू की सरस्वती ही देवदास की पारो थी? ऐसे बहुत से रहस्य और जिज्ञासाएं उनकी रचनाओं के साथ जुड़ी हुई हैं।

शरतचन्द्र ने बंगाल के क्रांतिकारी आंदोलन को लेकर 'पथेर दावी' उपन्यास लिखा। पहले यह 'बंग वाणी' में धारावाहिक रूप से निकला, फिर पुस्तकाकार छपा तो तीन हजार का संस्करण तीन महीने में समाप्त हो गया। इसके बाद ब्रिटिश सरकार ने इसे जब्त कर लिया।

शरतचन्द्र चट्टोपाध्याय वैसे तो स्वयं को बंकिमचन्द्र चटर्जी और रवीन्द्रनाथ ठाकुर के साहित्य से प्रेरित बताते थे, लेकिन उन्हें उनके दुस्साहस के लिए समाज के रोष का पात्र भी बनना पड़ा। 'चरित्रहीन' को जब उन्होंने लिखा था तब उन्हें काफी विरोध का सामना करना पड़ा था, क्योंकि उसमें उस समय की मान्यताओं और परंपराओं को चुनौती दी गयी थी। उन्होंने सुन्दरता की जगह कुरूपता को अधिक प्रमुखता दी। शरतचंद्र ने अपने कुछ अविस्मरणीय लेखन की सरल शैली द्वारा उस समय के नियमित पाठकों को पढ़ने के लिए बेहतरीन सामग्री दी।

शरतचंद्र चट्टोपाध्याय की बहुत सी रचनाओं पर कई भारतीय भाषाओं में लगभग पचास फिल्में बनी हैं।

उनके कुछ उपन्यासों पर आधारित हिन्दी फिल्में ---

उनके उपन्यास देवदास को आधार बनाकर 'देवदास' नाम से ही तीन बार फिल्म का निर्माण हो चुका है। पहली (1936) में, देवदास कुन्दन लाल सहगल द्वारा अभिनीत, दूसरी बार (1955) में, देवदास दिलीप कुमार, वैजयन्ती माला द्वारा अभिनीत तथा तीसरी बार (2002) में देवदास शाहरुख खान, माधुरी दीक्षित, ऐश्वर्या राय द्वारा अभिनीत। मात्र सत्रह वर्ष की उम्र में लिखे उनके इस उपन्यास' पर सत्रह अलग-अलग भाषाओं में फिल्में बनायी गईं। इतनी लोकप्रियता की तो शायद शरत जी ने भी कल्पना नहीं की होगी।

इसके अतिरिक्त

1974 में, चरित्रहीन, (1953 और 2005) में, परिणीता दो बार, (1969) में, बड़ी दीदी तथा (1967) में 'मझली दीदी'

(1971) में, 'छोटी बहू' उनके उपन्यास 'बिंदुर छेले' पर आधारित है। (1975) में, फिल्म 'खुशबू' उनकी रचना 'पण्डित मोशाय' से प्रेरित है। (1977) में, फिल्म 'स्वामी' और (1980) में अन्य फिल्मों में अपना पराया है।

उनकी कृतियां-

उपन्यास

शरतचंद्र ने अनेक उपन्यास लिखे हैं जिनमें -- पण्डित मोशाय, बैकुंठेर बिल, मेज दीदी, दर्पचूर्ण, अभागिनी का स्वर्ग, श्रीकांत, अरक्षणीया, निष्कृति, अनुपमा का प्रेम, गृहदाह, शेष प्रश्न, दत्ता, देवदास, चरित्रहीन, परिणीता, ब्राह्मण की लड़की, सती, विप्रदास, देना पाओना आदि प्रमुख हैं। इन्होंने बंगाल के क्रांतिकारी आंदोलन को लेकर 'पथेर दावी' उपन्यास लिखा था। कई भारतीय भाषाओं में शरत के उपन्यासों के अनुवाद हुए हैं।

इसके अतिरिक्त 16 कहानियां, 4 नाटक और 12 निबंध लिखे हैं।

शरतचंद्र को बंगाली साहित्य में अपना योगदान देने के लिए कई

पुरस्कार मिले--

(1903) कुंतोलिन पुरस्कार

(1923) जगत्तारिणी स्वर्ण पदक', कलकत्ता विश्वविद्यालय

(1934) बंगाली संगीत परिषद की सदस्यता और

(1936) एक मानद डी. लिट्. ढाका विश्वविद्यालय

(1977) में बनी फिल्म 'स्वामी' को सर्वश्रेष्ठ कहानी के लिए फिल्मफेयर पुरस्कार से सम्मानित किया गया है।

निधन

शरतचंद्र जी का 16 जनवरी 1938 ई. को कलकत्ता पार्क नर्सिंग होम में 62 वर्ष की अल्पायु में निधन हो गया, जिससे साहित्य जगत को बहुत हानि हुई, लेकिन उनकी धरोहर, उनकी रचनाओं के कारण और उन पर बनीं फिल्मों के कारण वे सदा हम लोगों के मानस-पटल पर विराजमान रहेंगे।

मुंशी प्रेमचंद

'आधुनिक हिंदी के पितामह'

आधुनिक हिंदी के पितामह प्रसिद्ध लेखक मुंशी प्रेमचंद को 'उपन्यास सम्राट', 'कलम का सिपाही', 'कलम का जादूगर' आदि अनेक नामों से पुकारा जाता है, जिसके लिए वे सर्वथा योग्य हैं। आसमान में जो स्थान ध्रुव तारे का है, वही स्थान हिन्दी साहित्य में मुंशी प्रेमचंद का है। उनके उपन्यास हिंदी साहित्य की ऐसी विरासत हैं, जिसके बिना हिंदी के विकास का अध्ययन अधूरा है।

जन्म और प्रारंभिक जीवन

मुंशी प्रेमचंद का जन्म 31 जुलाई 1880 को बनारस से थोड़ी दूर लमही नामक गांव में हुआ था। उनका नाम धनपतराय श्रीवास्तव था, जबकि उनके चाचा ने उन्हें नवाब नाम दिया था। दोनों नामों को मिला कर उन्होंने अपना उपनाम 'नवाबराय' रख लिया था।

उनके पिता अजायबराय, डाकघर में मुंशी थे और माता आनन्दी देवी, सुशील और बुद्धिमान महिला थीं। वे अपने माता-पिता की चौथी सन्तान थे। उनकी तीन छोटी बहनें थीं, जिनमें से दो की बचपन में ही मृत्यु हो गई थी।

मात्र 8 वर्ष की आयु में उनकी माता का निधन हो गया। उसके बाद उन्होंने बहुत अकेलापन झेला, क्योंकि उनकी बहन का विवाह हो चुका था और उनके पिता जी अपने कार्य में व्यस्त रहते थे।

उनके पिता ने घर की देखभाल के लिए दूसरी शादी कर ली, लेकिन उनसे उन्हें कभी मां का प्यार नहीं मिला। उनका व्यवहार उन्हें बहुत आहत करता रहता था।

चौदह साल की उम्र में उनके पिताजी का भी निधन होने पर मानो उनपर मुसीबतों का पहाड़ टूट पड़ा। बाल्यावस्था में ही उनके कंधे पर पूरे घर के खर्च की जिम्मेदारी का बोझ आ पड़ा।

घोर गरीबी

उनका बचपन गरीबी और बड़ी विषम परिस्थितियों में बीता। उन्हें पहनने के लिए कपड़े और खाने के लिए पर्याप्त भोजन नहीं मिलता था।

उनका जीवन शुरू से लेकर आखिर तक अभाव और संघर्ष की एक गाथा है। उन्होंने एक बार अपने बारे में लिखा था- 'मेरा जीवन एक सपाट, समतल मैदान है, जिसमें कहीं-कहीं गड्ढे तो हैं, पर टीलों, पर्वतों, घने जंगलों, गहरी घाटियों और खंडहरों का स्थान नहीं है।'

1899 में जब उनके ऊपर कर्ज काफी बढ़ गया तब उन्होंने परिवार का खर्चा चलाने के लिए अपने कपड़े और किताबें तक बेच दीं। एक बार तो उन्हें पैसे के अभाव में अपना कोट बेचना पड़ा।

एक बार प्रेमचंद अपनी जमा की गई किताबें बेचने गए, तो उनकी मुलाकात मिशनरी स्कूल, चुनार के हेडमास्टर से हुई। उन्होंने उनसे 18 रूपये प्रतिमाह वेतन पर शिक्षक की नौकरी देने की बात की। वे तुंरत राजी हो गये। उन्होंने उस नौकरी के साथ बच्चों को घर पर 5 रूपये लेकर पढ़ाना भी शुरू कर दिया।

शिक्षा

प्रेमचंद की शिक्षा का आरंभ उर्दू, फारसी भाषा से हुई। उन्होंने अपनी प्रारंभिक शिक्षा लालपुर के मदरसा से प्राप्त की थी। इसके बाद उन्होंने एक मिशनरी स्कूल से अंग्रेजी की शिक्षा भी प्राप्त की।

मुंशी जी अपने गांव से बहुत दूर बनारस पैदल ही पढ़ने जाते थे। वे बच्चों को ट्यूशन पढ़ाकर अपनी स्कूल की फीस देते थे। किसी तरह मुश्किल से उन्होंने मैट्रिक पास किया। उन्होंने अंग्रेजी, दर्शन, फारसी और इतिहास में इंटर पास किया।

वे बचपन से ही एक बड़ा वकील बनना चाहते थे। लेकिन गरीबी की वजह से उनके सारे सपने पूरे नहीं हुए। मुंशी जी को बचपन से ही पढ़ने लिखने का बहुत शौक था, जिसके कारण उनको किताबों के थोक व्यापारी के पास किताबें बेचने का काम मिल गया, जिसके साथ वे घंटों किताबें पढ़ते भी रहते थे।

13 वर्ष की आयु में उन्होंने तिलिस्म-ए-होशरूबा पढ़ ली और उन्होंने उर्दू के मशहूर रचनाकार के कई उपन्यास भी पढ़े। कम उम्र में ही उन्होंने बड़े बड़े लेखकों के सारे उपन्यास पढ़ डाले।

वैवाहिक जीवन-

उस जमाने में बाल-विवाह की परम्परा थी। प्रेमचंद जी का विवाह भी छोटी आयु में ही हो गया। उनकी पत्नी बहुत ही कुरूप और झगड़ालू थी। इस बारे मे प्रेमचंद स्वयं लिखते हैं, 'उम्र में वह मुझसे ज्यादा थी। जब मैंने उसकी सूरत देखी तो मेरा खून सूख गया।'

उन्होंने अपनी शादी को लेकर अपने पिता के बारे में लिखा है, 'पिताजी ने जीवन के अन्तिम सालों में एक ठोकर खाई और स्वयं तो गिरे ही, साथ में मुझे भी डुबो दिया। मेरी शादी बिना सोचे समझे कर डाली।' उनके पिताजी को भी बाद में इसका एहसास हुआ और काफी अफसोस रहा।

मुंशी प्रेमचंद ने अपनी पत्नी से रिश्ता तोड़ कर 1906 में दूसरा विवाह एक विधवा महिला 'शिवरानी देवी' से करके विधवा विवाह को बढ़ावा दिया। वे सुशील, संस्कारी और अच्छे विचार की महिला थीं। प्रेमचंद जी के जीवन में परिवर्तन लाने में उनकी बहुत महत्वपूर्ण भूमिका रही। उनकी तीन संतानें हुईं- श्रीपत राय, अमृत राय और कमला देवी श्रीवास्तव।

मुंशी जी का व्यक्तित्व

सरलता, सौजन्यता और उदारता की मूर्ति प्रेमचन्द विषमताओं भरे जीवन में भी सदा मस्त रहने वाले हंसमुख, निश्छल, विनयशील प्रवृत्ति के नटखट और खिलाड़ी बालक थे। वे खेतों से शाक-सब्जी और पेड़ों से फल

चुराने में दक्ष थे। उन्हें मिठाई, विशेष रूप से गुड़ बहुत पसंद था।

वे जीवन की विषमताओं और कटुताओं को खेल की बाजी मान कर हमेशा जीतना चाहते थे। बाहर से बिल्कुल साधारण दिखने वाले प्रेमचन्द अन्दर से जीवनी-शक्ति के मालिक थे।

उनको गांव के जीवन से और लोगों से विशेष प्रेम था। उन्होंने अधिकांश जीवन गांव में ही गुजारा। वे सदा साधारण गंवई लिबास में रहते थे और अपना काम स्वयं करना पसंद करते थे।

उनके हृदय में मित्रों के लिए उदार भाव तथा गरीबों एवं पीड़ितों के लिए सहानुभूति का अथाह सागर था। मुंशी जी का व्यक्तित्व इतना शानदार और सरल था कि हर कोई उनसे बड़ी जल्दी प्रभावित हो जाता था। वे जितने महान लेखक थे, उतने ही उच्चकोटि के मानव थे।

न तो उनको जीवन में कभी विलास मिला ही और न ही कभी लालसा ही हुई। उनकी किसी भी दफ्तर के बाबू या स्कूल के मास्टर की सी सीधी-सादी, आडम्बरहीन जीवन-शैली थी। सवेरे नौ-दस बजे घर से सीधे अपने काम पर और शाम को पांच बजे सीधे अपने घर। अपने ही जैसे दो-चार संगी-साथियों और अपने परिवार की छोटी-सी दुनिया ही उनकी पूरी दुनिया थी।

कार्य क्षेत्र

मुंशी प्रेमचंद एक अध्यापक, एक लेखक और एक पत्रकार थे। उन्हें हिंदी और उर्दू साहित्य के आधुनिक क्षेत्र के महान लेखकों में से एक माना जाता है।

मैट्रिक पास करने के बाद वे एक स्थानीय विद्यालय में शिक्षक के रूप में नियुक्त हुए, जिसके साथ-साथ उन्होंने पढ़ाई भी जारी रखी और बीए के बाद शिक्षा विभाग में इंस्पेक्टर पद पर नियुक्त किए गए।

1900 में प्रेमचन्द को बहराइच के सरकारी स्कूल में 20 रूपये प्रति माह पर सहायक अध्यापक की स्थाई नौकरी मिल गयी। तीन महीने

बाद उनका प्रतापगढ़ के सरकारी स्कूल में तबादला हो गया। जहां उन्होंने व्यवस्थापक के बंगले पर रहते हुए उनके पुत्र को पढ़ाया भी।

सन 1916 में उन्होंने गोरखपुर के सामान्य हाईस्कूल में सहायक अध्यापक की नौकरी की।

सन 1921 में असहयोग आंदोलन के दौरान उन्होंने महात्मा गांधी के आह्वान पर 20 वर्ष से कर रहे अपनी सरकारी नौकरी से इस्तीफा दे दिया और बनारस जाकर अपने साहित्यिक करियर पर काम करना शुरू कर दिया।

सन 1923 में उन्होंने एक प्रकाशन हाउस 'सरस्वती प्रेस' की स्थापना की।

सन 1930 में उन्होंने एक राजनीतिक साप्ताहिक पत्रिका 'हंस' का संपादन किया था।

सन 1931 में, उन्होंने कानपुर के मारवाड़ी कॉलेज में अध्यापक की नौकरी की तथा उसी वर्ष उन्होंने यह नौकरी भी छोड़ दी और वापस बनारस चले गये और वहां जाकर उन्होंने 'मर्यादा' पत्रिका का संपादन किया और काशी के विद्यापीठ के प्रधानाध्यापक के रूप में कार्य किया।

बाद में वे मुंबई भी गये और वहां पर उन्होंने एक प्रोडक्शन हाउस, 'अजंता सिनेटोन' के लिए पटकथा लेखक के रूप में नौकरी की, लेकिन 1934 में फिल्म 'मजबूर' की कहानी लिखने के बाद साल भर के कॉन्ट्रेक्ट की अवधि पूरी किये बिना ही दो महीने का वेतन छोड़कर वापिस बनारस आ गए, क्योंकि उनको मुंबई की फिल्मी दुनिया रास नहीं आई।

मुंशी प्रेमचंद द्वारा लिखे गये कई उपन्यासों को टेलीविजन धारावाहिकों के रूप में प्रसारित किया गया। प्रसिद्ध सत्यजीत रे ने उनकी लिखी हुई दो कृतियों 'सद्‌गति' और 'शतरंज के खिलाड़ी' पर फिल्में भी बनायी थीं।

साहित्यिक योगदान

मात्र 13 वर्ष की उम्र में ही उनके साहित्यिक जीवन का आरंभ हो चुका था और साहित्य के प्रति उनका लगाव लगातार बढ़ता ही गया था।

वे आरम्भ में 'नवाब राय' नाम से लिखते थे, लेकिन सन 1910 में जमीरपुर के ब्रिटिश जिला मजिस्ट्रेट ने उनकी लघु कथाओं के संग्रह 'सोज-ए-वतन' रचना को राजद्रोहपूर्ण संग्रह कह कर उसपर प्रतिबंध लगा दिया, तो उसके बाद, उन्होंने 'प्रेमचंद' नाम से लिखना शुरू कर दिया।

सन 1910 के मध्य तक प्रेमचंद उर्दू के एक प्रसिद्ध लेखक बन चुके थे और सन 1914 तक वे हिंदी के भी लेखक बन गए थे।

उनकी पहली हिन्दी कहानी सरस्वती पत्रिका के दिसम्बर अंक 1915 में 'सौत' नाम से और अंतिम कहानी 1936 में 'कफन' नाम प्रकाशित हुई। 1919 में प्रकाशित 'सेवा सदन' उनका पहला प्रमुख हिंदी उपन्यास है।

मुंशी प्रेमचंद शुरुआत में कहानियां ही लिखा करते थे, लेकिन बाद में उपन्यास, कहानी, नाटक, समीक्षा, लेख, अनुवाद, सम्पादकीय, संस्मरण, भाषण, भूमिका, पत्र आदि विधा पर भी कलम चलाया।

लेकिन इनके उपन्यासों को सबसे ज्यादा प्रसिद्धि मिली, इसलिए उन्हें 'उपन्यास सम्राट' के नाम से भी जाना जाना जाता है।

प्रेमचंद जी की कहानियों में देश, समाज और ग्राम्य जीवन के अनगिनत रंग अपनी भरपूर छटा के साथ बिखरे हुए हैं। इन आभामय रंगों में जो भी पाठक डूबता है, वह भारतीय समाज की बड़ी निकटता से दर्शन कर लेता है।

वह आम लोगों की भाषा में लिखते थे और सांप्रदायिकता, भ्रष्टाचार, गरीबी और उपनिवेशवाद जैसे मुद्दों का हिंदी और उर्दू साहित्य में प्रवेश का श्रेय उन्हें ही दिया जाता है।

1906 से 1936 के बीच लिखा गया प्रेमचंद का साहित्य इन तीस वर्षों का सामाजिक सांस्कृतिक दस्तावेज है। इसमें उस दौर के समाजसुधार आंदोलनों, स्वाधीनता संग्राम तथा प्रगतिवादी आंदोलनों के

सामाजिक प्रभावों का स्पष्ट चित्रण है। उनमें दहेज, अनमेल विवाह, पराधीनता, लगान, छूआछूत, जाति भेद, विधवा विवाह, आधुनिकता, स्त्री-पुरुष समानता, आदि उस दौर की सभी प्रमुख समस्याओं का चित्रण मिलता है।

उन्होंने छोटी-बड़ी लगभग 300 कहानियां लिखी हैं, उनकी मुख्य कहानियां इस प्रकार हैं -

कफन, पूस की रात, पंच परमेश्वर, बड़े घर की बेटी, बूढ़ी काकी, दो बैलों की कथा, गुल्ली डंडा, ईदगाह, बड़े भाई साहब, ठाकुर का कुआँ, सद्‌गति, तावान, विध्वंस, दूध का दाम, मंत्र आदि

उन्होंने कुल 15 उपन्यास लिखे। कुछ मुख्य उपन्यास इस प्रकार हैं -

कर्मभूमि, निर्मला, गोदान, गबन, अलंकार, प्रेमा, प्रेमाश्रम, रंगभूमि, प्रतिज्ञा, सेवा सदन, देवस्थान रहस्य, प्रेमा, कृष्ण, रुठी रानी, सोज-ए-वतन, वरदान, मंगलसूत्र (अपूर्ण)

नाटक-करबला, प्रेम की वेदी, संग्राम, रूहानी शायरी, तजुर्बा

आत्मकथाएं-दुर्गादास, महात्मा शेखसादी

निबंध-कलम त्याग और तलवार, कुछ विचार (दो भाग में)

बच्चों की किताबें-जंगल की कहानियां, मनमोदक, कुत्ते की कहानी, राम चर्चा

फिल्म पटकथा (कथानक) -मजदूर

लगभग सारी उम्र, सात-आठ घंटे की कोई-न-कोई नौकरी करते हुए, कठिन परिस्थितियों के बीच समर्पित भाव से किया गया उनका इतना उत्कृष्ट लेखन, उनकी साहित्य-साधना की लगन और कर्मठता का परिणाम है।

पुरस्कार

प्रेमचंद की स्मृति में भारतीय डाक विभाग ने 31 जुलाई, 1980 को उनकी जन्मशती के अवसर पर 30 पैसे मूल्य का एक डाक टिकट जारी किया

था। गोरखपुर के जिस स्कूल में वे शिक्षक थे, वहां 'प्रेमचंद साहित्य संस्थान' की स्थापना की गई है, जिसमें उनसे संबंधित वस्तुओं का एक संग्रहालय और उनकी एक वक्षप्रतिमा भी है।

प्रेमचंद की पत्नी शिवरानी देवी ने 1944 में 'प्रेमचंद घर में' के नाम से उनकी जीवनी लिखी और उनके व्यक्तित्व के अनभिज्ञ हिस्से को उजागर किया है।

उनके ही बेटे अमृत राय ने 'कलम का सिपाही' नाम से पिता की जीवनी लिखी है।

उनकी सभी रचनाएं अंग्रेजी व उर्दू रूपांतर के साथ, चीनी, रूसी आदि अनेक विदेशी भाषाओं में भी लोकप्रिय हुई हैं।

निधन

जलोदर बीमारी से ग्रस्त होने के कारण मुंशी प्रेमचंद जी के जीवन का अंतिम समय काफी तकलीफ में गुजरा और कथा-जगत का यह रोशन सितारा 8 अक्टूबर 1936 को हमेशा के लिए लुप्त हो गया।

लाखों-करोड़ों पाठकों के दिलों पर राज करने वाले मुंशी प्रेमचंद आज हमारे बीच में नहीं हैं, लेकिन वास्तव में अपने उपन्यासों और कहानियों से वे अमर हो गए हैं।

महादेवी वर्मा

'आधुनिक युग की मीरा'

खड़ी बोली हिन्दी की प्रख्यात छायावादी कवयित्री महादेवी वर्मा को आधुनिक काल की मीरा कहा जाता है। भक्ति काल में जो स्थान कृष्ण भक्त मीरा को प्राप्त है, आधुनिक काल में उनको वही स्थान मिला है। कवि निराला ने उन्हें 'हिन्दी के विशाल मन्दिर की सरस्वती' भी कहा है।

महादेवी जी का जन्म

महादेवी जी का जन्म होली के दिन 26 मार्च, 1907 को फर्रुखाबाद, उत्तर प्रदेश में हुआ था। उनके परिवार में लगभग 200 वर्षों या सात पीढ़ियों के बाद पहली बार पुत्री का जन्म हुआ था, इसलिए उनके बाबा 'बाबू बांके विहारी जी' हर्ष से झूम उठे और इन्हें घर की देवी- महादेवी मानते हुए, उनका नाम महादेवी रखा।

महादेवी जी का बचपन

उनके पिता श्री गोविन्द प्रसाद वर्मा, भागलपुर के एक कॉलेज में प्राध्यापक थे। वे सुन्दर, विद्वान, नास्तिक, शिकार करने एवं घूमने के शौकीन, मांसाहारी तथा हंसमुख व्यक्ति थे। इसके विपरीत उनकी माता श्रीमती हेमरानी देवी बड़ी धर्म परायण, कर्मनिष्ठ, भावुक एवं शाकाहारी महिला थीं और संगीत में भी उनकी अत्यधिक रुचि थी। महादेवी जी अपने घर में सबसे बड़ी थीं। उनके दो भाई और एक बहन थी।

शिक्षा और साहित्य प्रेम महादेवी जी को विरासत में मिला था। उनके माता-पिता शिक्षा के अनन्य प्रेमी होने के कारण उन्होंने महादेवी को

उनकी पढ़ाई जारी रखने के लिए प्रोत्साहित किया और उनकी मां ने उनको संस्कृत और हिंदी में लिखने की प्रेरणा दी।

महादेवी जी में काव्य रचना के बीज बचपन से ही विद्यमान थे। उनमें काव्य प्रतिभा सात वर्ष की उम्र में ही मुखर हो उठी थी।

शिक्षा

महादेवी जी की प्रारम्भिक शिक्षा इन्दौर के एक मिशन स्कूल में हुई। उन्होंने बी. ए. जबलपुर से किया। 1919 में इलाहाबाद में 'क्रॉस्थवेट कॉलेज' से शिक्षा का प्रारंभ करते हुए महादेवी जी ने 1932 में इलाहाबाद विश्वविद्यालय से संस्कृत में एम. ए. की उपाधि प्राप्त की। तब तक उनके दो काव्य संकलन 'नीहार' और 'रश्मि' प्रकाशित होकर चर्चा में आ चुके थे। विद्यार्थी जीवन में ही उनकी कविताएं देश की प्रसिद्ध पत्र-पत्रिकाओं में स्थान पाने लगी थीं।

व्यक्तित्व में एकाकीपन की झलक

महादेवी जी के व्यक्तित्व में संवेदना, दृढ़ता और आक्रोश का अद्भुत संतुलन मिलता है। उनका जीवन एक संन्यासिनी का जीवन था। उन्होंने जीवन भर श्वेत वस्त्र पहना, तख्त पर सोईं और कभी शीशा नहीं देखा। उनको सांसारिकता से कोई लगाव नहीं था। यह इस बात से भी झलकता है कि विवाहित होते हुए भी उन्होंने एकाकी जीवन जीया।

महादेवी जी गंभीर प्रकृति की महिला थीं, लेकिन उनसे मिलने वालों की संख्या बहुत बड़ी थी। रक्षाबंधन, होली और उनके जन्मदिन पर उनके घर जमावड़ा सा लगा रहता था। सूर्यकांत त्रिपाठी निराला, साहित्यकार गोपीकृष्ण गोपेश और सुमित्रानंदन पंत से उनका भाई -बहन का रिश्ता जगत प्रसिद्ध है, वे उनसे राखी भी बंधवाते थे। इसके अतिरिक्त इलाहाबाद के लगभग सभी साहित्यकारों और परिचितों से उनके आत्मीय संबंध थे।

वे 'गंगा प्रसाद पांडेय' के परिवार के साथ अभिभावक की भांति जुड़ी रहीं, जिनकी पोती का उन्होंने स्वयं कन्यादान किया था। उनके पुत्र

रामजी पांडेय ने महादेवी जी के अंतिम समय में उनकी बड़ी सेवा की।

महादेवी जी की घनिष्ठतम मित्र, सहपाठिनी, रूममेट कवयित्री सुभद्रा कुमारी चौहान थीं।

उन्होंने एक निर्भीक, स्वाभिमानिनी भारतीय नारी का जीवन जिया। वास्तव में वे निज नाम के अनुरूप ममतामयी, महीयसी महादेवी थीं।

वैवाहिक जीवन

उन दिनों की परम्परा के अनुसार उनका विवाह 9 वर्ष की छोटी उम्र में ही, जब वे विवाह का मतलब भी नहीं समझती थीं, 'डॉ. स्वरूप नरेन वर्मा', जो उस समय दसवीं कक्षा के विद्यार्थी थे, के साथ 1914 में इंदौर में हो गया, लेकिन वे पति-पत्नी के संबंध को स्वीकार न कर सकीं।

गंगा प्रसाद पाण्डेय के अनुसार-'ससुराल पहुंच कर महादेवी जी ने जो उत्पात मचाया, उसे ससुराल वाले ही जानते हैं। रोना बस रोना। नई बालिका बहू के स्वागत समारोह का उत्सव फीका पड़ गया और घर में एक आतंक छा गया। फलतः ससुर महोदय दूसरे ही दिन उन्हें वापस लौटा गए।'

महादेवी जी की मनोवृत्ति को देखकर उनके पिता गोविन्द प्रसाद वर्मा ने अपने दामाद श्री वर्मा को उनके पिता की मृत्यु के बाद इण्टर करवा कर लखनऊ मेडिकल कॉलेज में प्रवेश दिलाकर वहीं बोर्डिंग हाउस में रहने की व्यवस्था कर दी। महादेवी जी उस समय क्रास्थवेट कॉलेज इलाहाबाद के छात्रावास में थीं।

यदा-कदा श्री वर्मा इलाहाबाद में महादेवी जी से मिलने भी आते थे और कभी-कभी दोनों में पत्राचार भी होता था, लेकिन वे उदासीन ही बनी रहीं। विवाहित जीवन के प्रति उनमें विरक्ति उत्पन्न हो गई थी। इस सबके बावजूद श्री स्वरूप नारायण वर्मा से उन्हें कोई वैमनस्य नहीं था। सामान्य स्त्री-पुरुष के रूप में उनके संबंध मधुर ही रहे। एक विचारणीय तथ्य यह भी है कि श्री वर्मा ने महादेवी जी के कहने पर भी दूसरा विवाह नहीं किया।

सन 1966 में पति की मृत्यु के बाद वे स्थाई रूप से इलाहाबाद में

रहने लगीं।

महादेवी जी के जीवन पर प्रभाव

महादेवी ने स्वयं लिखा है, 'मां से पूजा और आरती के समय सुने सूर, तुलसी तथा मीरा आदि के गीत मुझे गीत रचना की प्रेरणा देते थे।'

वे हिन्दी के भक्त कवियों की रचनाओं और भगवान बुद्ध के चरित्र से अत्यन्त प्रभावित थीं और स्वयं भी 1929 में बौद्ध दीक्षा लेकर भिक्षुणी बनना चाहती थीं, लेकिन महात्मा गांधी के संपर्क में आने के बाद समाज-सेवा में लग गईं।

कार्यक्षेत्र

महादेवी का कार्यक्षेत्र लेखन, संपादन और अध्यापन रहा। उन्होंने अध्यापन से अपने कार्यजीवन की शुरूआत की और अपने प्रयत्नों से इलाहाबाद में 'प्रयाग महिला विद्यापीठ' की स्थापना की। वे अपने अंतिम समय तक प्रयाग महिला विद्यापीठ की प्रधानाचार्या एवं कुलपति भी रहीं। उनका यह कार्य अपने समय में महिला-शिक्षा के क्षेत्र में क्रांतिकारी कदम था।

प्रयाग में अध्यापन कार्य से जुड़ने के बाद हिन्दी के प्रति गहरा अनुराग रखने के कारण वे दिनों-दिन साहित्यिक क्रियाकलापों से जुड़ती चली गईं। उन्होंने 1932 में महिलाओं की प्रमुख पत्रिका 'चांद' का निःशुल्क सम्पादन किया। हिन्दी के प्रचार-प्रसार के लिए सन 1955 में इलाहाबाद में 'साहित्यकार संसद' की स्थापना की और पं. इलाचंद्र जोशी के सहयोग से 'साहित्यकार' पत्रिका का संपादन संभाला। उन्होंने 'रंगवाणी' नाट्य संस्था की भी स्थापना की।

उन्होंने भारत में महिला कवि सम्मेलनों की नींव रखी और इस प्रकार का पहला अखिल भारतवर्षीय कवि सम्मेलन 15 अप्रैल 1933 को सुभद्रा कुमारी चौहान की अध्यक्षता में प्रयाग महिला विद्यापीठ में संपन्न हुआ।

महात्मा गांधी के प्रभाव से उन्होंने जनसेवा का व्रत लेकर झूसी में कार्य किया और भारतीय स्वतंत्रता संग्राम में भी हिस्सा लिया। वे सत्याग्रह आंदोलन के दौरान कवि सम्मेलनों में अपनी कविताएं सुनातीं और उनको हमेशा प्रथम पुरस्कार मिला करता था। एक काव्य प्रतियोगिता में 'चांदी का कटोरा' मिला था। जिसे उन्होंने गांधीजी को दे दिया था।

उन्होंने 1936 मैं नैनीताल से 25 किलोमीटर दूर एक बंगला बनवाया, जिसका नाम 'मीरा मंदिर' रखा। जितने दिन वे यहां रहीं, उन्होंने इस छोटे से गांव की महिलाओं की शिक्षा और उनकी आर्थिक आत्मनिर्भरता के लिए बहुत काम किया, जिसके कारण उन्हें समाज-सुधारक भी कहा गया और जिस साहस व दृढ़ता से उन्होंने सामाजिक रूढ़ियों की निंदा की और आवाज उठाई, उससे उन्हें महिला मुक्तिवादी भी कहा गया। आजकल इस बंगले को 'महादेवी साहित्य संग्रहालय' के नाम से जाना जाता है।

महादेवी जी ने निरीह व्यक्तियों की सेवा करने का व्रत ले रखा था। वे बहुधा निकटवर्ती ग्रामीण अंचलों में जाकर ग्रामीण भाई-बहनों की सेवा सुश्रुषा तथा दवा निःशुल्क देने में सक्रिय रहती थीं।

महादेवी जी विधान परिषद की माननीय सदस्या थीं। वे विधान परिषद में बहुत ही कम बोलती थीं, परंतु जब कभी महादेवी जी अपना भाषण देती थीं तब पं. कमलापति त्रिपाठी के कथनानुसार- 'सारा हाउस विमुग्ध होकर महादेवी के भाषणामृत का रसपान किया करता था। रोकने-टोकने का तो प्रश्न ही नहीं, किसी को यह पता ही नहीं चल पाता था कि कितना समय निर्धारित था और अपने निर्धारित समय से कितनी अधिक देर तक महादेवी ने भाषण किया।'

इलाचंद्र जोशी उनकी वक्तव्य शक्ति के संदर्भ में कहते हैं - 'जीवन और जगत से संबंधित महानतम विषयों पर जैसा भाषण महादेवी जी देती हैं, वह विश्व नारी इतिहास में अभूतपूर्व है। विशुद्ध वाणी का ऐसा विलास नारियों में तो क्या पुरुषों में भी एक रवीन्द्रनाथ को छोड़ कर कहीं नहीं सुना।'

महादेवी जी की कृतियां-

गद्य

'मेरा परिवार', 'स्मृति की रेखाएं' (1943 ई.) और 'अतीत के चलचित्र' (1941 ई.) उनकी संस्मरणात्मक गद्य रचनाओं के संग्रह हैं।

'शृंखला की कड़ियां' (1942 ई.) में सामाजिक समस्याओं, विशेषकर अभिशप्त नारी जीवन के जलते प्रश्नों के सम्बन्ध में लिखे उनके विचारात्मक निबन्ध संकलित हैं।

काव्य संग्रह

महादेवी जी के 1934 में 'नीरजा', 1936 में 'सांध्यगीत, 1930 में नीहार, 1932 में रश्मि, नामक संग्रह प्रकाशित हुए। 1940 में इन चारों काव्य संग्रहों को उनकी कलाकृतियों के साथ वृहदाकार में 'यामा' शीर्षक से प्रकाशित किया गया।

बाल साहित्य

'ठाकुरजी भोले हैं' और 'आज खरीदेंगे हम ज्वाला' उनकी बाल साहित्य की रचनायें हैं। इन दोनों ही रचनाओं में इन्होंने बाल मन की चंचलता और भोलेपन को दर्शाया है।

प्रतिभावान कवयित्री और गद्य लेखिका महादेवी जी साहित्य और संगीत में निपुण होने के साथ-साथ कुशल चित्रकार और सृजनात्मक अनुवादक, एक सफल रेखाचित्रकार और विचारक भी थीं।

भाषा-शैली

महादेवी अपनी काव्य भाषा की निर्मात्री स्वयं ही हैं, यह कहना अतिश्योक्ति नहीं होगा।

अभिव्यक्ति की जो सामर्थ्य, भाव व्यंजना का जो मार्मिक सौष्ठव, आपकी भाषा वहन करती है, वह अन्यत्र पंतजी में ही प्राप्त होता है।

आपकी भाषा का एक विशिष्ट स्तर है, जो स्वभावतः संस्कृत शब्दावली की ओर झुका हुआ है।

तत्सम शब्द प्रधान होते हुए भी इस भाषा के रूप में क्लिष्टता या

रूक्षता नहीं है। उसमें प्रवाह है, लय है।

संस्कृत तत्सम शब्दावली के प्रति महादेवी की कोई प्रतिबद्धता नहीं है। आपने अपेक्षाकृत सरल शब्दावली का भी सहज भाव से प्रयोग किया है।

महादेवी जी ने भाषा को अद्भुत मृदुता और मधुरता प्रदान की है। भाव और लय का मनोहारी संगम प्रस्तुत करने में आपकी भाषा का भी महत्वपूर्ण योगदान है।

महादेवी की काव्यगत विशेषताएं

महादेवी जी की गिनती हिन्दी कविता के छायावादी युग के चार प्रमुख स्तंभ सुमित्रानन्दन पन्त, जयशंकर प्रसाद और सूर्यकान्त त्रिपाठी निराला के साथ की जाती है।

महादेवी जी की रचना-शैली की प्रमुख विशेषताएं उसकी भावतरलता, वैयक्तिकता, प्रतीकात्मकता, चित्रात्मकता, आलंकारिता, छायावादी तथा रहस्यात्मक अभिव्यक्ति आदि हैं।

महादेवी जी ने आत्मनिवेदन और अपने हृदय की विविध अनुभूतियों को ही काव्य का विषय बनाया है।

महादेवी जी के काव्य का प्रधान रस श्रृंगार है।

पुरस्कार

'नीरजा' के लिए 1934 में 'सेकसरिया पुरस्कार',

1942 में 'स्मृति की रेखाओं' के लिए 'द्वेदी पदक'

1943 में 'मंगला प्रसाद पुरस्कार' एवं उत्तर प्रदेश सरकार का 'भारत भारती पुरस्कार'

1982 में 'यामा' नामक काव्य संकलन के लिए उन्हें भारत का सर्वोच्च साहित्यिक पुरस्कार 'ज्ञानपीठ पुरस्कार'

सम्मान

16 सितंबर 1921 को भारत सरकार के डाकतार विभाग ने

जयशंकर प्रसाद के साथ उनके सम्मान में रूपए का एक युगल टिकट भी जारी किया था।

1952 में वे उत्तर प्रदेश विधान परिषद की सदस्या मनोनीत की गईं।

1956 में भारत सरकार ने उनको उनकी साहित्यिक सेवा के लिए 'पद्म भूषण' की उपाधि से अलंकृत किया।

1968 में सुप्रसिद्ध भारतीय फिल्मकार मृणाल सेन ने उनके संस्मरण 'वह चीनी भाई' पर एक बांग्ला फिल्म का निर्माण किया था, जिसका नाम था 'नील आकाशेर नीचे'।

सन 1969 में विक्रम विश्वविद्यालय, 1977 में कुमाऊं विश्वविद्यालय, नैनीताल, 1980 में दिल्ली विश्वविद्यालय तथा 1984 में बनारस हिंदू विश्वविद्यालय, वाराणसी ने उन्हें डी. लिट. की उपाधि से सम्मानित किया।

1979 में साहित्य अकादमी की सदस्यता ग्रहण करने वाली वे पहली महिला थीं।

1988 में उन्हें मरणोपरांत भारत सरकार की 'पद्म विभूषण' उपाधि से सम्मानित किया गया।

उन्हें हिन्दी साहित्य के सभी महत्वपूर्ण प्रशासनिक, अर्धप्रशासनिक और व्यक्तिगत संस्थाओं से पुरस्कार व सम्मान मिले।

भारत के साहित्य आकाश में महादेवी जी का नाम ध्रुव तारे की भांति प्रकाशमान है।

गूगल डूडल

सर्च इंजन गूगल ने साहित्य जगत की आधुनिक 'मीरा' महादेवी जी पर भी अपना डूडल बनाया।

अक्सर गूगल किसी महान शख्स के जन्मदिवस या पुण्यतिथि पर डूडल बनाकर उन्हें श्रद्धांजलि देता है, लेकिन 27 अप्रैल, 2018 को गूगल ने महादेवी जी पर डूडल बनाया, क्योंकि 27 अप्रैल ही के दिन साल 1982 में उनको 'ज्ञानपीठ पुरस्कार' से सम्मानित किया गया था।

निधन

महादेवी जी का निधन 11 सितम्बर, 1987, को प्रयाग में हुआ था। जीतेजी उन्होंने भारतीय संस्कृति के सम्बन्ध में कभी समझौता नहीं किया। राष्ट्र भाषा हिन्दी के सम्बन्ध में उनका कथन था, 'हिन्दी भाषा के साथ हमारी अस्मिता जुड़ी हुई है। हमारे देश की संस्कृति और हमारी राष्ट्रीय एकता की हिन्दी भाषा संवाहिका है।'

हरिवंशराय बच्चन

'मधुशाला के प्रसिद्ध रचनाकार'

हरिवंशराय बच्चन की कृति 'मधुशाला' बीसवीं सदी के हिन्दी साहित्य के आरम्भ की अत्यंत महत्वपूर्ण रचना है, इसलिए बच्चन जी को उस सदी के 'हालावाद' का पुरोधा कहा जाता है। इन्होंने अपनी रचनाओं में अपने पूर्व कवियों से भिन्न शैली अपनाकर हिन्दी-काव्य में नयी धारा का संचार किया, ऐसा माना जाता है।

जन्म और प्रारंभिक जीवन

हरिवंश राय बच्चन का जन्म 27 नवंबर 1907 को इलाहाबाद के पास प्रतापगढ़ जिले के एक छोटे से गांव पट्टी में हुआ था। वे पिता 'प्रताप नारायण श्रीवास्तव' एवम माता 'सरस्वती देवी' के बड़े बेटे थे, जो उनको प्यार से बच्चन कह कर बुलाया करते थे, जिसका शाब्दिक अर्थ 'बच्चा' या संतान होता है। बाद में ये इसी नाम से मशहूर हुए।

शिक्षा

हरिवंशराय की प्रारंभिक शिक्षा म्युनिसिपल स्कूल में हुई। बाद में उन्होंने 'कायस्थ पाठशाला' से आगे का अध्ययन किया, जहां उन्होंने अपनी खानदानी परंपरा को आगे बढ़ाते हुए उर्दू का अभ्यास किया तथा गवर्नमेंट स्कूल में भी पढ़ाई की। 1938 में उन्होंने प्रयाग विश्वविद्यालय में एम.ए. अंग्रेजी में दाखिला लिया, लेकिन इस दौरान वे देश की स्वतंत्रता के लिए महात्मा गांधी से भी जुड़े और असहयोग आंदोलन से प्रेरित होकर पढ़ाई बीच में ही छोड़ दी, लेकिन थोड़े ही समय में उनको यह अहसास हुआ कि वे जिन्दगी

में कुछ और करना चाहते हैं और फिर से उन्होंने अपनी पढ़ाई जारी रखी।

उन्होंने 1952 में लन्दन जाकर 'सैंट केथरिन कॉलेज', कैम्ब्रिज विश्वविद्यालय से अंग्रेजी साहित्य के विख्यात कवि डब्लू बी यीट्स की कविताओं पर शोध करके पीएचडी पूरी की।

वे दूसरे भारतीय थे जिन्हें कैम्ब्रिज यूनिवर्सिटी से इंग्लिश लिटरेचर में डॉक्टरेट की उपाधि प्राप्त हुई थी।

विवाह और उनका पारिवारिक जीवन

1926 में 19 वर्ष की अल्पायु में उनका विवाह श्यामा से हुआ, जो उस समय 14 वर्ष की थीं। लेकिन 1936 में श्यामा की टीबी के कारण मृत्यु हो गई। इस बीच वे अत्यंत अकेले पड़ गए। श्यामा की मृत्यु नें उनके काव्य-रचना में घोर निराशा और वेदना भर दी थी, लेकिन यह अंधकार शीघ्र ही छंट गया और वे पुनः मधुरता, आस्था और विश्वास के साथ आगे बढे। श्यामा की मृत्यु के बाद उन्होंने एम. ए. भी किया।

वर्ष 1941 में बच्चन जी का दूसरा विवाह तेजी बच्चन से हुआ, जो रंगमंच तथा गायन से जुड़ी हुई थीं और भारत की पूर्व प्रधान मंत्री श्री इन्दिरा गांधी के बेहद करीबी दोस्त मानी जाती थीं। इसी दौरान बच्चन जी ने 'नीड़ का पुनर्निर्माण' जैसी कविताओं की रचना की। तेजी बच्चन से विवाह के दस वर्ष बाद बच्चन जी कैम्ब्रिज विश्वविद्यालय से अंग्रेजी साहित्य में शोध करने लन्दन गए।

उनके अमिताभ तथा अजिताभ दो पुत्र हैं। उनका बड़ा बेटा अमिताभ बच्चन एक प्रसिद्ध अभिनेता हैं और दूसरा पुत्र अजिताभ छोटा बेटा एक व्यवसायी बना। बच्चन अपने बड़े बेटे अमिताभ के फिल्मजगत में जाने पर ज्यादा खुश नहीं थे। वे चाहते थे कि वे नौकरी करें। लेकिन तेजी बच्चन को थिएटर में बहुत रुचि थी। उन्होंने हरिवंश राय बच्चन द्वारा 'शेक्सपीयर' के अनुदित कई नाटकों में अभिनय भी किया है। उन्हें फिल्म के लिए प्रस्ताव भी आए थे, लेकिन उन्होंने गृहिणी जीवन को अधिक महत्व दिया था।

अपने बेटे का फिल्मलाइन की ओर झुकाव देखते हुए तेजी बच्चन चाहती थीं कि उनका पुत्र उसी क्षेत्र में अपना भविष्य बनाए। इसलिए अमिताभ बच्चन के करियर चुनाव में उनका भी आंशिक हाथ रहा था। बेटे अमिताभ के फिल्मी करियर की गाड़ी पटरी पर चढ़ते ही उनका नाम उस वक्त की प्रसिद्ध अभिनेत्री जया भादुड़ी से जुड़ने लगा। तब पिता हरिवंश राय बच्चन ने तुरंत हस्तक्षेप किया और अमित जी और जया को विवाह कर लेने की सलाह दी।

लेखन का आरम्भ

बच्चन जी में लिखने का उत्साह विद्यार्थी जीवन से ही था। उन्होंने मात्र 13 वर्ष की अवस्था में कविता लिखनी प्रारम्भ की। कविता को वे अनुभूति-जन्य मानते थे, इसलिए उन्होंने अपने अनुभवों को कविता में ढाला।

अध्ययन काल में ही उन्होंने फारसी के प्रसिद्ध कवि 'उमर ख्य्याम' की रुबाइयों का हिन्दी में अनुवाद किया, जिसने उन्हें नौजवानों का प्रिय बना दिया था। इसी से उत्साहित होकर उन्होंनें उसी शैली में अनेक मौलिक रचनायें लिखीं, जो मधुशाला, मधुबाला, मधुकलश आदि में संग्रहीत हैं।

साहित्यिक योगदान

मधुशाला

यद्यपि बच्चन की एक किताब 'तेरा हार' साल 1932 में प्रकाशित हो चुकी थी, पर 1935 में छपी 'मधुशाला' को ही उनकी पहली किताब मानी जाती है। यह बीसवीं सदी की शुरुआत के हिन्दी साहित्य की अत्यंत महत्वपूर्ण रचना है, इसके प्रकाशन के साथ ही 'बच्चन' साहित्य जगत पर छा गए।

बच्चन जी के इस अनुपम काव्य में एक सौ पैंतीस रुबाइयां (यानी चार पंक्तियों वाली कविताएं) हैं, जो उमर खय्याम की रुबाइयों से प्रेरित हैं। उमर खय्याम की रुबाइयों को हरिवंश राय मधुशाला के प्रकाशन से पहले ही हिंदी में अनुवाद कर चुके थे।

मधुशाला की हर रुबाई मधुशाला शब्द से समाप्त होती है। हरिवंश

राय 'बच्चन' ने मधु, मदिरा, हाला (शराब), साकी (शराब परोसने वाली), प्याला (कप या ग्लास), मधुशाला और मदिरालय की मदद से जीवन की जटिलताओं के विश्लेषण का प्रयास किया है, जिसमें सूफीवाद का दर्शन होता है।

कवि सम्मेलनों में मधुशाला की रुबाइयों के पाठ से हरिवंश राय बच्चन को काफी प्रसिद्धि मिली, जिससे मधुशाला खूब बिकी और हर साल उसके दो-तीन संस्करण छपते गए।

मधुशाला के लिए कई लोगों ने उनकी आलोचनाभी की। बच्चन जी ने आत्मकथा 'क्या भूलूं, क्या याद करूं' में बड़े रोचक तरीके से लिखा है कि जब उनकी यह कविता काव्य मंचों पर काफी मशहूर हुई तो गांधी जी से कुछ लोगों ने बच्चन जी की इस कविता की बुराई भी की थी और कहा था कि वे शराब को बढ़ावा दे रहे हैं। गांधी जी ने बच्चन जी से ऐसा करने के लिए मना किया। तब उन्होंने कहा कि मेरी कविता सद्भाव बढ़ाती है और उन्हें अपनी ये दो पंक्तियाँ सुनायीं-

मंदिर मस्जिद बैर कराते
मेल कराती मधुशाला

इन पंक्तियों को सुनकर गांधी ने उस पर कोई आपत्ति नहीं जताई।

पाठक ऐसा समझने की भूल ना करें कि कवि हरिवंश राय जी मदिरा-पान करते थे। वे तो अति सरल, सौम्य, सात्विक और हृदय से भावुक मानव थे। उन्होंने कभी शराब नहीं पी, लेकिन मधुशाला को उन से अच्छा आज तक कोई नहीं समझ सका है।

बाद के दिनों में मधुशाला इतनी मशहूर हो गई कि जगह-जगह नृत्य-नाटिका के रूप में मशहूर नृत्यकों ने इसे प्रस्तुत किया।

मधुशाला की चुनिंदा रुबाइयों को 'मन्ना डे' ने एलबम के रूप में प्रस्तुत किया। इस एलबम की पहली रुबाई स्वयं बच्चनजी ने गायी और वे सभी श्रोताओं द्वारा बहुत पसंद की गई।

बौलीवुड में बीसवीं सदी के महानायक के रूप में सुप्रसिद्ध अपने बड़े बेटे अभिनेता अमिताभ बच्चन के जन्म के पहले ही हरिवंश राय ने अपनी रचना 'मधुशाला' के कारण हिन्दी साहित्य के विशाल आकाश की ऊंचाइयों को छू लिया था। दोनों ही अपने-अपने क्षेत्र में महारथी हैं, इसलिए दोनों को एक-दूसरे के पहचान की आवश्यकता नहीं है, लेकिन अमिताभ ने उनकी मृत्यु के बाद, इक्कीसवीं सदी में भी मधुशाला की रुबाइयों को न्यूयार्क के लिंकन सेंटर सहित अन्य कई विशेष आयोजनों में सार्वजनिक मंचों पर अपनी आवाज देकर, उनको जीवित रखा है। पुत्र द्वारा पिता को दिया यह उपहार बहुत ही दिल को छूने वाला है।

उनके पुत्र अमिताभ बच्चन को मधुशाला खासतौर पर पसंद है। वे मधुशाला को जीवन का एक सकारात्मक साहित्य मानते हैं। वे कहते हैं कि जब कभी भी वे खुद को कठिनाई या हताशा में पाते हैं, तो मधुशाला की पंक्तियां गुनगुनाने लगते हैं।

काव्य शैली

उनकी कविता वास्तविकता का दर्पण हैं, जिनमे जीवन की सच्चाई का अनूठा विवरण मिलता है। इन्हें छायावाद का कवि कहा जाता है। उनका स्वभाव उग्र होने के कारण एंग्री मैन कहे जाने वाले अमिताभ भी इनके सामने निगाहें ऊपर नहीं कर सकते थे और यह उनकी कृतियों से भी साफ जाहिर होती है।

हरिवंशराय जी व्यक्तिवादी गीत, कविता, या हालावादी काव्य के अग्रणी कवि माने जाते हैं। व्यक्तिप्रधान गीतों के कवि के रूप में उन्होंने आत्मपरकता, निराशा और वेदना को अपने काव्य का विषय बनाया है। विषय और शैली की दृष्टि से स्वाभाविकता बच्चन की कविताओं का उल्लेखनीय गुण है। उनकी भाषा बोलचाल की भाषा होते हुए भी प्रभावशाली है।

बच्चन जी ने इस 'हालावाद' के द्वारा व्यक्ति जीवन की सारी नीरसताओं को स्वीकार करते हुए भी उससे मुंह मोड़ने के बजाय उसका उपयोग करने की, उसकी सारी बुराइयों और कमियों के बावजूद, जो कुछ मधुर और

आनन्दपूर्ण होने के कारण ग्राह्य है, उसे अपनाने की प्रेरणा दी।

खय्याम ने 'वर्तमान क्षण' को जानने, मानने, अपनाने और भली प्रकार इस्तेमाल करने की सीख दी है और 'बच्चन' के 'हालावाद' का जीवन-दर्शन भी यही है। जो वास्तविकता को अस्वीकार करके पलायन नहीं है, बल्कि वास्तविकता के रूखेपन को अपने मन की तरंगों से सींचकर हरी-भरी बना देने की सशक्त प्रेरणा है। यह सत्य है कि 'बच्चन' की इन कविताओं में रूमानियत और कसक है, पर हालावाद गम गलत करने का आह्वान है; गम से घबराकर खुदकशी करने का नहीं।

बच्चन जी की कविता सर्वग्राह्य और सर्वप्रिय है। उस समय (1935 से 1940) हिन्दी कविता जनमानस और जन रुचि से बहुत दूर थी। उन्होंने व्याप्त खिन्नता और अवसाद के उस युग में मध्यवर्ग के विक्षुब्ध, वेदनाग्रस्त मन को वाणी का वरदान दिया। उन्होंने छायावाद की अनावश्यक टेढ़ी शैली की जगह, सीधी-सादी, जीवन्त भाषा और सर्वग्राह्य, गेय शैली में, संवेदनासिक्त उक्ति के माध्यम से अपनी बात कहना आरम्भ किया और हिन्दी काव्य-रसिक पाठक सहसा चौंक पड़ा, क्योंकि उसने पाया कि वह उसके भी दिल में है।

हरिवंशराय जी की शैली भिन्न थी, अपनी गेयता, सरलता, सरसता के कारण उनके काव्य संग्रह बहुत ही पसंद किये गये।

लोकधुनों पर आधारित भी उन्होंने अनेकों गीत लिखे हैं। सहजता और संवेदनशीलता उनकी कविता का एक विशेष गुण है। बच्चन जी ने बड़े साहस, धैर्य और सच्चाई के साथ सीधी-सादी भाषा और शैली में सहज कल्पनाशीलता और जीवन्त बिम्बों से सजाकर संवारकर अनूठे गीत हिन्दी को दिए।

कार्यक्षेत्र-

इलाहाबाद विश्वविद्यालय से अंग्रेजी साहित्य में एम. ए. करने के बाद, वहीं 1942 से 1952 तक प्राध्यापक के पद पर कार्यरत रहे।

1955 में कैम्ब्रिज से वापस आने के बाद भारत सरकार ने उनको

विदेश मंत्रालय में हिन्दी विशेषज्ञ के रूप में दिल्ली में एक्सटर्नल विभाग में नियुक्त किया और वहां उन्होंने एक विशेष अधिकारी के रूप में 10 साल तक सेवा की और हिंदी भाषा के विकास से भी जुड़े रहे। उन्होंने अपने कई लेखों द्वारा हिंदी भाषा को प्रधानता भी दी।

वे फिर से यूनिवर्सिटी में पढ़ाने के साथ ही साथ कुछ समय के लिए ऑल इंडिया रेडियो इलाहाबाद से भी जुड़े रहे। इसके बाद से वे अपने नाम के आगे श्रीवास्तव की जगह बच्चन लगाने लगे।

1966 में वे राज्य सभा के सदस्य मनोनीत हुए, जहां वे 6 वर्षों तक रहे।

बच्चन जी सर्वथा हिन्दी भाषा को विशेष महत्व और सम्मान देते थे। इसका एक सबसे बड़ा उदाहरण यह है कि अंग्रेजी विषय में एम. ए. और शोध करने के बावजूद उन्होंने लेखन के लिए हिन्दी भाषा को माध्यम बनाया।

इसके अलावा वे एक ज्ञानवान विचारक और लेखक भी थे। उन्हें उनकी कृति 'मधुशाला' के अतिरिक्त प्रसिद्ध लेखक शेक्सपीयर की रचनाओं का सटीक हिन्दी अनुवाद के लिए याद किया जाता है।

काव्य संग्रह-

तेरा हार (1932), मधुशाला (1935), मधुबाला (1936), मधुकलश (1937), निशा निमन्त्रण(1938), एकांत-संगीत (1939), आकुल अंतर (1943), सतरंगिनी (1945), हलाहल (1946), बंगाल का काल (1946), खादी के फूल (1948), सूत की माला (1948), मिलन यामिनी (1950), प्रणय पत्रिका (1955), धार के इधर उधर (1957), आरती और अंगारे (1958), बुद्ध और नाचघर (1958), त्रिभंगिमा (1961), चार खेमे चौंसठ खूंटे (1962) दो चट्टानें (1965), बहुत दिन बीते (1967), कटती प्रतिमाओं की आवाज (1968), उभरते प्रतिमानों के रूप (1969), जाल समेटा (1973)

गद्य रचनाएं-

आत्मकथा- चार खंड

क्या भूलूं क्या याद करूं (1969)

नीड़ का निर्माण फिर(1970)

बसेरे से दूर (1977)

दशद्वार से सोपान तक (1965)

रचनावली-

बच्चन रचनावली के नौ खंड (1983)

अनुवाद : शेक्सपीयर की प्रसिद्ध रचनाएं (मैकबेथ, ओथेलो, हैमलेट, किंग लीयर), उमर खय्याम की रुबाइयां, चौसठ रूसी कविताएं

1984 में उन्होंने अपनी आखिरी कविता लिखी' एक नवम्बर 1984' जो इंदिरा गांधी हत्या पर आधारित थी।

डायरी- प्रवास की डायरी

अन्य विविध रचनाएं

खय्याम की मधुशाला, सोपान, जनगीता, कवियों के सौम्य संत : पंत, आज के लोकप्रिय हिन्दी कवि : सुमित्रानंदन पंत, आधुनिक कवि, नेहरू : राजनैतिक जीवन-चित्र, नए पुराने झरोखे, अभिनव सोपान, मरकट द्वीप का स्वर, नागर गीत, भाषा अपनी भाव पराए, पंत के सौ पत्र, प्रवास की डायरी, टूटी छूटी कड़ियां, मेरी कविताई की आधी सदी, सोहं हंस, आठवें दशक की प्रतिनिधि श्रेष्ठ कविताएं

हिन्दी फिल्मों में बच्चन जी की रचनाओं का प्रयोग

सिलसिला फिल्म का हरिवंशराय जी द्वारा लिखा गया प्रसिद्ध गाना 'रंग बरसे' उनके अभिनेता पुत्र अमिताभ बच्चन द्वारा गाया और उनपर ही फिल्माया गया था।

अग्निपथ फिल्म में बार-बार बोली गयी पंक्ति 'अग्निपथ- अग्निपथ- अग्निपथ' भी उन्हीं की रचना है।

‘अलाप’ फिल्म का प्रसिद्ध गाना, ‘कोई गाता मैं सो जाता’ भी उन्हीं की कृति है।

पुरस्कार एवं सम्मान

1955 में भारत सरकार ने उन्हें विदेश मंत्रालय में हिंदी विशेषज्ञ के रूप में नियुक्त कर लिया।

1966 में हरिवंशराय बच्चन का भारतीय राज्य सभा के लिए नाम निर्देशित हुआ।

1968 में आपको ‘दो चट्टानें’ (कविता-संग्रह) के लिए साहित्य अकादमी का पुरस्कार मिला। इसी वर्ष उन्हें सोवियत लैंड नेहरू पुरस्कार तथा एफ्रो एशियाई सम्मेलन के कमल पुरस्कार से भी सम्मानित किया गया।

1976 में बच्चन जी को हिंदी भाषा के विकास और साहित्य एवं शिक्षा के क्षेत्र में अभूतपूर्व योगदान के लिए भारत सरकार द्वारा पद्‌म भूषण से सम्मानित किया गया था।

1991 में सरस्वती सम्मान के. के. बिड़ला फाउंडेशन द्वारा दिया जाने वाला साहित्य पुरस्कार का आरंभ हुआ था। उसी वर्ष सबसे पहला सरस्वती सम्मान बच्चन जी को उनकी चार खंडों की आत्मकथा के लिए दिया गया था।

इलाहाबाद विश्वविद्यालय से उन्हें कुल 42 सदस्यों की लिस्ट में ‘भूत काल का गर्वित छात्र’ सम्मान मिला था

निधन

हरिवंशराय जी का सांस की तकलीफ से 18 जनवरी 2003 में 95 वर्ष की आयु में तथा उनकी पत्नी तेजी बच्चन का उनके चार वर्ष बाद 21 दिसम्बर 2007 में 93 वर्ष की आयु में बम्बई में निधन हो गया। अपने जीवन-काल में बच्चन जी ने पाठकों एवं श्रोताओं को अपनी कृतियों के रूप में जो उपहार दिया हैं वह सराहनीय है। मृत्यु तो बस एक क्रिया है, जो होना स्वाभाविक है, लेकिन वे अपनी कृतियों के जरिये, जो देश के लिए धरोहर हैं, हमेशा अमर रहेंगे और याद किये जायेंगे।

विष्णु प्रभाकर

'आवारा मसीहा के महान रचनाकार'

लेखक विष्णु प्रभाकर जी की प्रसिद्ध पुस्तक 'आवारा मसीहा' जो कि बांग्ला कथा-शिल्पी शरतचन्द्र चट्टोपाध्याय जी की जीवनी पर आधारित थी, छपी तो साहित्यजगत में उनके लेखन की धूम मच गयी। अपने दौर के लेखकों प्रेमचंद, यशपाल और अज्ञेय जैसे महारथियों के वे सहयात्री रहे, लेकिन रचना के क्षेत्र में उनकी अपनी एक अलग पहचान थी।

जन्म और बचपन

विष्णु प्रभाकर का जन्म 21 जून 1912 को उत्तरप्रदेश के मुजफ्फरनगर जिले के गांव मीरापुर में हुआ था। उन्हें उनके एक अन्य नाम 'विष्णु दयाल' से भी जाना जाता है। उनके पिता 'दुर्गा प्रसाद' धार्मिक विचारधारा वाले व्यक्तित्व के धनी थे। उनकी माता 'महादेवी' पढ़ी-लिखी महिला थीं, जिन्होंने अपने समय में पर्दा-प्रथा का घोर विरोध किया था। प्रभाकर जी की पत्नी का नाम सुशीला था।

शिक्षा

विष्णु प्रभाकर की आरंभिक शिक्षा मीरापुर में हुई थी। बाद में वे अपने मामा के घर हिसार चले गये, जो तब पंजाब प्रांत का हिस्सा था। उन्होंने सन 1929 में 'चंदूलाल एंग्लो-वैदिक हाई स्कूल', हिसार से मैट्रिक की परीक्षा पास की।

उनके घर की आर्थिक स्थिति अच्छी नहीं थी। यही कारण था कि उन्हें काफी कठिनाइयों और समस्याओं का सामना करना पड़ा था। अपनी घर की परेशानियों और जिम्मेदारियों के बोझ से उन्होंने स्वयं को मजबूत

बना लिया। गृहस्थी चलाने के लिए उन्हें सरकारी नौकरी करनी पड़ी, चतुर्थ वर्गीय कर्मचारी के तौर पर काम करते समय उन्हें मात्र 18 रूपये प्रतिमाह वेतन प्राप्त होता था, जिससे ही वे अपना गुजर बसर करते थे, लेकिन मेधावी और लगनशील विष्णु ने पढ़ाई जारी रखी और नौकरी करते हुए पंजाब विश्वविद्यालय से 'भूषण', 'प्राज्ञ', 'विशारद' और 'प्रभाकर' आदि की हिंदी-संस्कृत परीक्षाएं भी उत्तीर्ण कीं।

उन्होंने पंजाब विश्वविद्यालय से ही बी. ए. की डिग्री भी प्राप्त की थी। उन्होंने जो डिग्रियां और उच्च शिक्षा प्राप्त की तथा अपने घर-परिवार की जिम्मेदारियों को पूरी तरह निभाया, वह उनके अथक प्रयासों का ही परिणाम था।

कार्यक्षेत्र

विष्णु प्रभाकर पर महात्मा गांधी के दर्शन और सिद्धांतों का गहरा असर पड़ा। इसके चलते ही उनका रुझान कांग्रेस की तरफ हुआ और स्वतंत्रता संग्राम के दौर में बजते राजनीतिक बिगुल में उन्होंने अपनी लेखनी का भी एक उद्देश्य बना लिया, जो आजादी के लिए सतत संघर्षरत रही।

1931 में 'हिन्दी मिलाप' में पहली कहानी 'दीवाली के दिन' छपने के साथ ही उनके लेखन का जो सिलसिला शुरू हुआ, वह जीवनपर्यंत निरंतर चलता रहा।

विष्णु प्रभाकर जी ने अपना पहला नाटक 'हत्या के बाद' लिखा और हिसार में एक नाटक मंडली के साथ भी कार्यरत हो गये। इसके पश्चात् प्रभाकर जी ने लेखन को ही अपनी जीविका बना लिया।

आजादी के बाद वे नई दिल्ली आ गये और सितम्बर 1955 में आकाशवाणी में नाट्यनिर्देशक नियुक्त हो गये, जहां उन्होंने 1957 तक अपनी सेवाएं प्रदान की थीं। इसके बाद वे तब सुर्खियों में आए, जब राष्ट्रपति भवन में दुर्व्यवहार के विरोधस्वरूप उन्होंने 'पद्मभूषण' की उपाधि वापस करने घोषणा कर दी।

विष्णु प्रभाकर जी आकाशवाणी, दूरदर्शन, पत्र-पत्रिकाओं तथा प्रकाशन संबंधी मीडिया के विविध क्षेत्रों में पर्याप्त लोकप्रिय रहे। देश-विदेश की अनेक यात्राएं करने वाले विष्णुजी जीवनपर्यंत हमेशा लेखन द्वारा ही आर्थिक रूप से निर्भर रचनाकार के रूप में साहित्य की साधना में लिप्त रहे थे।

कृतियां

प्रभाकर जी ने कहानी, उपन्यास, नाटक, कविता, संस्मरण, जीवनी व निबंध सभी विधाओं में प्रचुर साहित्य का सृजन किया।

कहानी संग्रह - संघर्ष के बाद, धरती अब भी धूम रही है, मेरा वतन, खिलौने, आदि और अन्त, एक आसमान के नीचे, अधूरी कहानी, कौन जीता कौन हारा, तपोवन की कहानियां, पाप का घड़ा, मोती किसके।

बाल कथा संग्रह - क्षमादान, गजनन्दन लाल के कारनामे, घमंड का फल, दो मित्र, सुनो कहानी, हीरे की पहचान।

उपन्यास - ढलती रात, स्वप्नमयी, अर्द्धनारीश्वर, धरती अब भी घूम रही है, पाप का घड़ा, होरी, कोई तो, निशिकान्त, तट के बंधन, स्वराज्य की कहानी।

आत्मकथा - क्षमादान और पंखहीन नाम से उनकी आत्मकथा 3 भागों में राजकमल प्रकाशन से प्रकाशित हो चुकी हैं।

नाटक - सत्ता के आर-पार, हत्या के बाद, नवप्रभात, डॉक्टर, प्रकाश और परछाइयां, बारह एकांकी, अब और नहीं, टूट्ते परिवेश, गान्धार की भिक्षुणी और अशोक।

जीवनी - आवारा मसीहा, अमर शहीद भगत सिंह।

यात्रा वृत्तांत - ज्योतिपुन्ज हिमालय, जमुना गंगा के नैहर में, हंसते निर्झर दहकती भट्ठी

संस्मरण - हमसफर मिलते रहे

कविता संग्रह - 'चलता चला जाऊंगा' (एकमात्र कविता संग्रह)।

आवारा मसीहा

'नाथूराम शर्मा प्रेम' के कहने से विष्णु प्रभाकर जी बांग्ला कथा-शिल्पी 'शरतचन्द्र चट्टोपाध्याय जी' की जीवनी पर 'आवारा मसीहा' पुस्तक लिखने के लिए प्रेरित हुए, जिसको लिखने के लिए वे शरतचन्द्र जी से सम्बंधित लगभग सभी स्रोतों और जगहों तक गए, जहां से भी उनका जुड़ाव था। इस किताब को लिखने से पहले उन्होंने बांगला भाषा भी सीखी।

इसे लिखने के लिए विष्णु प्रभाकर ने उन व्यक्तियों के साक्षात्कार ही नहीं लिए, जो किसी ना किसी रूप से शरत चन्द्र जी से सम्बंधित रहे, बल्कि वे शरतचंद्र के किरदारों की तलाश में भी इधर-उधर खूब भटके। वे बिहार, बंगाल, बांग्लादेश, बर्मा और देश-विदेश के हर उस कोने में गए, जहां से शरतचन्द्र का कभी कोई ताल्लुक या वास्ता रहा हो।

तलाश के इसी क्रम में उन्होंने जाना कि भागलपुर न सिर्फ उनका बल्कि उनके कई पात्रों की कर्मस्थली है। उन्हें पता चला कि देवदास की चंद्रमुखी भी भागलपुर की ही थी। वह मंसूरगंज की प्रसिद्ध तवायफ कालिदासी थी, जिसको शरतचंद्र ने देवदास में चंद्रमुखी नाम दिया। वह सचमुच चांद की तरह ही खूबसूरत दिखती थी।

'आवारा मसीहा' जीवनी होते हुए एक रोचक उपन्यास से कम नहीं। इसकी सबसे खास बात यह है कि इसकी कोई भी घटना काल्पनिक नहीं है। इसके अतिरिक्त उन्होंने इसमें उनके समकालीन मित्रों के संस्मरण को भी स्थान दिया है। इस पुस्तक को लिखने में उनको चौदह वर्ष लग गए।

लोगों को यह अजीब लगता था कि एक गैर-बंगाली व्यक्ति शरतचंद्र की जीवनी लिखने के लिए इतना कष्ट उठा रहा है। किसी व्यक्ति ने विष्णु प्रभाकर से पूछा- 'एक लेखक होकर आप अपनी स्वतंत्र कृति रचने के बजाय अपने जीवन के अनमोल 14 बरस किसी ऐसी कृति में क्यों खर्च करते रहे जो ठीक तरह से आपकी भी नहीं होनेवाली थी, इसके बावजूद आपको आवारा मसीहा' लिखने की आवश्यकता क्यों जान पड़ी?'

इसपर विष्णु प्रभाकर ने एक निश्छल हंसी हंसते हुए जो जवाब दिया, वह हर लेखक और पाठक के लिए महत्वपूर्ण है। उनका कहना था,

'तीन लेखक हुए, जिन्हें जनता दिलो जान से प्यार करती है। तुलसीदास, प्रेमचंद और शरतचंद्र। अमृत लाल नागर ने 'मानस का हंस' लिखकर तुलसी की छवि को निखार दिया। अमृत राय ने 'कलम का सिपाही' लिखा, जिससे प्रेमचंद को हम नजदीक से देख सकें। पर शरत के साथ तो कोई न्याय न हुआ। उनके ऊपर लिखनेवाला कोई न हुआ, न कुल-परिवार में और न कोई साहित्यप्रेमी ही। यह बात मुझे 24 घंटे बेचैन किए रहती थी, इसीलिए मुझे लगा कि मुझे ही यह काम करना होगा।'

उनकी इस रचना के लिए उनको कई सम्मान मिले। इसके बाद 'अर्द्धनारीश्वर' पुस्तक पर उन्हें 'साहित्य अकादमी पुरस्कार' भी प्राप्त हुआ, लेकिन 'आवारा मसीहा' ने साहित्य में उनका एक अलग ही स्थान पुख्ता कर दिया था और यह उनकी पहचान का पर्याय बन गया था। 'आवारा मसीहा' ने शरतचंद्र को पुनर्जीवन दिया था तो विष्णु प्रभाकर को एक बड़े साहित्यकार का कद। जब यह जीवनी छपी, तो साहित्य में इसकी धूम मच गयी। उनके अनेक साहित्य लिखने के बावजूद भी लोग उन्हें 'आवारा मसीहा' के लिए ही सबसे ज्यादा पहचानते हैं।

उनके द्वारा लिखी गयी रचना 'पहाड़ चढ़े गजनन्दलाल' और 'दक्कन गये गजनन्दलाल' एकदम निराली हैं। इन्हें पढ़ते हुए आप हंसते-हंसते लोटपोट हो जाएंगे। इससे साबित होता है कि विष्णु प्रभाकर हर विधा के लेखक थे।

पुरस्कार व सम्मान

विष्णु प्रभाकर जी की प्रमुख रचना 'आवारा मसीहा' सर्वाधिक चर्चित जीवनी है। इस जीवनी रचना के लिए इन्हें। 'पाब्लो नेरूदा सम्मान', 'सोवियत लैंड नेहरू पुरस्कार' जैसे कई विदेशी पुरस्कार प्राप्त हुए हैं। इनका लिखा प्रसिद्ध नाटक 'सत्ता के आर-पार' पर उन्हें भारतीय ज्ञानपीठ द्वारा 'मूर्ति देवी पुरस्कार' प्रदान किया गया, 'हिंदी अकादमी' दिल्ली द्वारा प्रभाकर जी को 'शलाका सम्मान' भी मिल चुका है। 'पद्‌म भूषण' पुरस्कार भी मिला, किंतु राष्ट्रपति भवन में दुर्व्यवहार के विरोधस्वरूप उन्होंने 'पद्‌म भूषण' की

उपाधि वापस करने की घोषणा कर दी।

निधन

भारत के प्रसिद्ध हिन्दी साहित्यकार विष्णु प्रभाकर जी का निधन लम्बी बीमारी के बाद 96 वर्ष की उम्र में 11 अप्रैल, 2009 को नई दिल्ली में हो गया। उन्होंने अपने वसीयत में अपने सम्पूर्ण अंगदान की इच्छा व्यक्त की थी, इसलिए इनका अंतिम संस्कार नहीं किया गया और उनकी मृत्यु के बाद उनका पार्थिव शरीर 'अखिल भारतीय आयुर्विज्ञान संस्थान' को सौंप दिया गया। हिन्दी साहित्य के इस अमूल्य निधि के चले जाने से साहित्य के एक अद्भुत सूरज का अंत हो गया।

भीष्म साहनी

'पंजाब से निकला अंग्रेजी का अध्यापक, जिसने हिंदी साहित्य में बनायी नई पहचान'

बहुमुखी प्रतिभा के धनी भीष्म साहनी हिंदी के महान लेखक प्रेमचंद के लेखन की परंपरा को आगे बढ़ाने वाले आधुनिक हिन्दी साहित्य के प्रमुख स्तंभों में से एक हैं।

वे विशेषतः 1974 में अपने द्वारा लिखा गया उपन्यास 'तमस (अंधकार)' के लिए जाने जाते हैं, जिसमें उन्होंने 1947 के भारत विभाजन का चित्रण किया है।

साहनी जी एक ऐसे साहित्यकार थे जो बात को केवल कह देना ही नहीं बल्कि बात की सच्चाई और गहराई को जान लेना भी उतना ही उचित समझते थे। उनके साहित्य में सर्वत्र मानवीय करूणा, मानवीय मूल्य व नैतिकता विद्यमान है।

जन्म और बचपन

भीष्म साहनी का जन्म 8 अगस्त 1915 को रावलपिण्डी (पाकिस्तान) में एक मध्यवर्गीय परिवार में हुआ था। विभाजन के बाद वे भारत आ गए। वे अपने पिता श्री हरबंस लाल साहनी तथा माता श्रीमती लक्ष्मी देवी की सातवीं संतान थे। उनके पिता अपने समय के प्रसिद्ध समाजसेवी थे, जिसका प्रभाव उनके व्यक्तित्व पर भी बहुत पड़ा। भीष्म साहनी हिन्दी फिल्मों के जाने माने अभिनेता बलराज साहनी के छोटे भाई थे।

शिक्षा

भीष्म साहनी जी ने 1937 में लाहौर गवर्नमेन्ट कॉलेज, लाहौर से अंग्रेजी साहित्य में एम ए करने के बाद, 1958 में पंजाब विश्वविद्यालय से

डॉ. इन्द्रनाथ मदान के निर्देशन में 'Concept of the hero in the novel' शीर्षक के अन्तर्गत अपना शोधकार्य सम्पन्न करके पीएचडी की उपाधि प्राप्त की।

व्यक्तित्व

भीष्म साहनी का व्यक्तित्व बिल्कुल अलग था। वे बेहद सरल, सादगी पसंद और बहुत ही ईमानदार व्यक्ति थे। उन्हें उनके लेखन के लिए तो स्मरण किया ही जाता है, लेकिन समाजसेवा, देश भक्ति और अपनी सहृदयता के लिए भी वे चिरस्मरणीय रहेंगे।

विवाह

सन 1944 में उनका विवाह शीला जी के साथ हुआ।

भीष्म साहनी का अपनी पत्नी शीला जी के साथ सामंजस्य के बारे में उनकी बेटी कल्पना साहनी की यह बात बेहद दिलचस्प है, जो उन्होंने अपने पिता के आखिरी उपन्यास 'नीलू, नीलिमा, नीलोफर' के विमोचन के मौके पर कही थी। उन्होंने बताया, 'वो जो कुछ भी लिखते थे सबसे पहले मेरी मां को सुनाते थे। मेरी मां उनकी सबसे पहली पाठक और सबसे बड़ी आलोचक थीं। इस उपन्यास को भी मां को सौंपकर भीष्म जी किसी बच्चे की तरह उत्सुकता और बेचैनी से उनकी राय की प्रतीक्षा कर रहे थे। जब मां ने किताब के ठीक होने की हामी भरी तब जाकर उन्होंने चैन की सांस ली थी।'

भीष्म साहनी के अनुसार भारतीय गृहस्थ जीवन में स्त्री-पुरुष रथ के दो पहिये हैं, इसलिए उनके विकास और सुखी जीवन के लिए दोनों के बीच आदर्श संतुलन और सामंजस्य का बना रहना अनिवार्य है। उन्होंने अपनी रचनाओं में सामंजस्यपूर्ण जीवन जीने वाले आदर्श दम्पत्तियों को बड़ी गरिमा के साथ रेखांकित करने के साथ, उसे अपने जीवन में भी उतारा।

भीष्म साहनी की बेटी कल्पना

आजकल महानगरों के कुछ 'अतिकुलीन' परिवारों में चलन शुरू हुआ है कि बच्चे अपने अभिभावकों को मम्मी-पापा कहने के बजाय उनका

नाम लेते हैं। इस चलन के पीछे तर्क है कि एक उम्र के बाद मां-बाप बच्चों के दोस्त बन जाने के कारण संबोधन भी बदल जाएगा। हो सकता है यही तर्क हो, लेकिन यह जानकारी आम पाठकों को हैरान करती है कि भीष्म साहनी की बेटी कल्पना अपने पिता को हमेशा 'भीष्म जी' कहती थीं और इसपर कभी उनको ऐतराज नहीं हुआ। दरअसल यही सहजता और आधुनिक विचारधारा इस महान लेखक की काबिलियत थी और ऐसा न होता तो 'तमस' जैसी कृति कभी न रची जाती।

कार्यक्षेत्र

भीष्म साहनी एक लेखक, अभिनेता, शिक्षक, अनुवादक, बहुभाषी, देश भक्त और समाजसेवी थे।

भारत पाकिस्तान विभाजन के पूर्व अवैतनिक शिक्षक होने के साथ-साथ ये व्यापार भी करते थे। विभाजन के बाद उन्होंने भारत आकर समाचारपत्रों में लिखने का काम किया। बाद में भारतीय जन नाट्य संघ (इप्टा) से जा मिले।

1942 के भारत छोड़ो आंदोलन में वे शामिल हुए और इसके चलते कुछ समय तक उन्हें जेल में भी रहना पड़ा। विभाजन के बाद वे भारत वापिस आ गये और विभाजन का उनके दिमाग पर बहुत असर हुआ। इसीलिए उनके ज्यादातर लेख भारत विभाजन से ही जुड़े हुए हैं।

1949 से 1950 तक भीष्म साहनी को अपने भाई बलराज की तरह एक अभिनेता ही समझा जाता था। जल्द ही वे 'इंडियन पीपल्स थिएटर एसोसिएशन' में दाखिल भी हुए, जहां आजाद भारत से जुड़े हुए उन्होंने बहुत से नाटक किये और स्टेज पर एक्टिंग भी की।

अंबाला और अमृतसर में अध्यापक रहने के बाद, 1950 में उन्होंने दिल्ली कॉलेज (वर्तमान जाकिर हुसैन दिल्ली कॉलेज, दिल्ली यूनिवर्सिटी) के इंग्लिश डिपार्टमेंट में लेक्चरर के रूप में प्रवेश किया।

1957 से 1963 तक मास्को में 'फॉरेन लैंग्वेज पब्लिशिंग हाउस' के लिए उन्होंने बहुत सी रशियन किताबों का अनुवाद हिंदी में किया। यहां

उन्होंने टालस्टॉय, आस्ट्रोवस्की इत्यादि जैसे लेखकों की करीब दो दर्जन रूसी किताबों का हिंदी में रूपांतर किया।

1965 से 1967 तक दो सालों में उन्होंने 'नयी कहानियां' नामक पत्रिका का सम्पादन किया।

1984 में फिल्म निर्माता सईद अख्तर मिर्जा ने मोहन जोशी की 'हाजिर हो!' में उनके सामने एक किरदार का अभिनय करने का प्रस्ताव भी रखा और यही उनकी डेब्यू फिल्म भी बनी।

वे प्रगतिशील लेखक संघ और एफ्रो-एशियायी लेखक संघ (एफ्रो एशियन राइटर्स असोसिएशन) से भी जुड़े रहे 1993 से 1997 तक वे साहित्य अकादमी के कार्यकारी समीति के सदस्य रहे। मि. और मिसेज. अय्यर (2002) में उन्होंने अंतिम बार किरदार निभाया था।

बहुमुखी प्रतिभा के धनी साहनी जी ने नाटकों के अलावा फिल्मों में भी काम किया है। मोहन जोशी हाजिर हो, कस्बा और मिस्टर एंड मिसेज अय्यर फिल्म में उन्होंने अभिनय किया।

उनके द्वारा 1974 में लिखा गया उपन्यास 'तमस'(अन्धकार) काफी चर्चित रहा था, जिसमें उन्होंने 1947 के भारत विभाजन का चित्रण किया है। फिल्मकार गोविंद निहलानी ने उनके इस उपन्यास पर 1986 में एक फिल्म का निर्माण भी किया और साहनी जी को सिक्ख चरित्र 'कर्मो' का रोल भी दिया।

साहित्यिक योगदान

भीष्म साहनी एक बहुआयामी लेखक थे, उन्होंने कहानियां, उपन्यास, नाटक, आत्मकथा, बालकथा, अनुवाद आदि सभी विधाओं पर अपनी कलम चलाई थी।

उनकी मातृभाषा पंजाबी थी और उर्दू भाषा में उन्होंने पढ़ाई की थी, लेकिन उन्हें हिंदी, अंग्रेजी, संस्कृत और रशियाई भाषा का भी ज्ञान था।

उनकी पहली कहानी 'अबला' इण्टर कॉलेज की पत्रिका 'रावी' में

तथा दूसरी कहानी 'नीली आंखे' अमृतराय के सम्पादन में 'हंस' में छपी।

अपनी मृत्यु के कुछ दिन पहले उन्होंने 'आज के अतीत' नामक आत्मकथा का प्रकाशन करवाया। यही उनकी अंतिम उपलब्धि कही जा सकती है।

भीष्म साहनी ने दबे कुचले और समाज के पिछड़े लोगों की समस्याओं को आसान भाषा में अत्यंत सटीक तरीके से अपनी रचनाओं में अभिव्यक्त किया है। यही वजह है कि उन्हें प्रेमचंद की परंपरा का साहित्यकार कहा जाता है। उन्होंने अपना सारा जीवन ही मुंशी प्रेमचन्द्र की तरह आम आदमी की आवाज उठाने और उनकी समस्याओं को सुलझाने में लगा दिया।

समाज को देखने का काम प्रेमचंद की तरह भीष्म जी ने भी अपनी रचनाओं में किया, लेकिन उनका देखा-समझा समाज प्रेमचंद के आगे के आपाधापी और उठापटक के युग का समाज है। भीष्म जी ने अपनी भाषा में मुंशी प्रेमचंद की तरह ही सादगी और सहजता रखी, जो रचनाओं को बौद्धिकों के दायरे से निकालकर आम लोगों तक पहुंचा देती है।

यदि विष्णु प्रभाकर की अद्भुत रचना 'आवारा मसीहा' के बजाय तमस को साहित्य अकादमी पुरस्कार मिला था तो इसकी एक वजह इस उपन्यास की वह भाषा भी होगी। जिससे विषय की मार्मिकता लोगों को दिलों तक पहुंच जाती है।

'नीलू, नीलिमा, नीलोफर' उपन्यास सन 2000 में राजकमल प्रकाशन से प्रकाशित हुआ था और यह एक अद्भुत संयोग है कि उसी वक्त इस प्रकाशन से दो और बड़े लेखकों के उपन्यास प्रकाशित हुए, निर्मल वर्मा का 'अंतिम अरण्य' और कृष्णा सोबती का 'समय सरगम'। ध्यान देने वाली बात यह थी कि जहां अन्य दो लेखकों के उपन्यास के केंद्र में उनकी वृद्धावस्था और उसके एकांतिक अनुभव थे, वहीं भीष्म जी की किताब के केंद्र में एक प्रेमकथा थी। तब अंतर्धार्मिक प्रेम और विवाह के लिए 'ऑनर किलिंग' पहली बार किसी उपन्यास या कहें कि एक बड़े कद के लेखक की किताब का केंद्र बिंदु बनी थी।

उनका विश्वास था कि स्त्रियों के लिए समुचित शिक्षा, आर्थिक स्वतंत्रता व व्यक्तित्व विकास की सुविधा आदर्श समाज की रचना के लिए नितान्त आवश्यक है। वह स्त्रियों के व्यक्तित्व विकास के पक्षपाती थे, जो अवसर पाकर अपना चरम विकास कर सकती हैं।

भीष्म साहनी सदियों से चली आ रही परम्परा को स्वीकार न करके भावनात्मक एकता और रागात्मक अनुबंधों को विवाह का प्रमुख आधार मानते थे।

मानवीय मूल्यों पर आधारित उनकी धर्म भावना इंसान को इंसान से जोड़ती है न कि उन्हें पृथक् करती है।

प्रमुख रचनाएं

उपन्यास-झरोखे, कड़ियां, तमस, बसन्ती, मय्यादास की माड़ी, कुन्तो, नीलू नीलिमा नीलोफर

कहानी संग्रह -भाग्यरेखा, पटरियां, पहला पाठ, भटकती राख, शोभायात्रा, वांगचू, निशाचर, पाली

प्रतिनिधि कहानियां व मेरी प्रिय कहानियां नामक दस कहानी संग्रहों का सृजन किया।

नाटक - हानूश, माधवी, कबिरा खड़ा बजार में, मुआवजे

आत्मकथा - बलराज माय ब्रदर

बालकथा- गुलेल का खेल

पुरस्कार और सम्मान

साहनी जी को उनके जीवन काल में, बहुत से अवार्ड्स और सम्मान से नवाजा गया था।

1969 में पद्मश्री से सम्मानित

1975 में तमस के लिए साहित्य अकादमी अवार्ड

1975 में उत्तरप्रदेश सरकार द्वारा 'तमस' के लिए सम्मानित

1975 में एफ्रो-एशियन लेखकों के एसोसिएशन द्वारा लोटस अवार्ड

नाटक 'हनुष' के लिए मध्य प्रदेश कला साहित्य परिषद् अवार्ड

1979 में शिरोमणि लेखक अवार्ड

1983 में सोवियत लैंड नेहरु अवार्ड

1998 में पद्‌म भूषण से सम्मानित

1999 में शलाका सम्मान, नयी दिल्ली

2001 में मैथिलीशरण गुप्त सम्मान, मध्य प्रदेश

2001 में संगीत नाटक अकादमी अवार्ड

2002 में सर्वोत्तम हिंदी उपन्यासकार के लिए सर सैयद नेशनल अवार्ड

2002 में भारत के सर्वोच्च साहित्यिक पुरस्कार साहित्य अकादमी फेलोशिप से सम्मानित

2004 में 'राशी बन्नी' द्वारा इंटरनेशनल थिएटर फेस्टिवल, रशिया में 'कॉलर ऑफ नेशन' अवार्ड से सम्मानित

31 मई 2017 को भारतीय डाक ने उनके नाम का एक पोस्टेज स्टेम्प भी जारी किया है।

इन बड़े पुरस्कारों और सम्मानों की सूची बस यह बताने के लिए है कि पाठकों की तारीफें मिलने के साथ-साथ बतौर लेखक समाज-सरकार भी उन्हें सराहते रहे हैं।

आलोचक नामवर सिंह भीष्म साहनी के लिए कहते हैं,

'मुझे उनकी प्रतिभा पर आश्चर्य होता है कि कॉलेज में पढ़ते हुए वे लिखने, प्रगतिशील लेखक संघ से भी जुड़ने का समय निकाल लेते थे। मैं यह नहीं कहता कि उनकी सभी रचनाओं का स्तर ऊंचा है, लेकिन अपनी हर रचना में उन्होंने एक स्तर बनाए रखा। हैरानी होती है यह देख कर कि रावलपिंडी से आया हुआ आदमी जो पेशे से अंग्रेजी का अध्यापक था

और जिसकी भाषा पंजाबी थी, वह हिंदी साहित्य में एक प्रतिमान स्थापित कर रहा था।'

निधन

भीष्म साहनी अपने अंतिम समय तक लेखन में व्यस्त रहे। देश और समाज के लिए अपना जीवन समर्पित करने वाले इस लेखक का शरीर 11 जुलाई 2003 को पंचतत्व में विलीन हो गया, लेकिन वे अपने कार्यों और रचनाओं द्वारा हमेशा हमारे बीच रहेंगे।

अमृता प्रीतम

'एक ऐसी शख्सियत जो शायद इस दुनिया के लिए बनी ही नहीं थीं'

अमृता प्रीतम पंजाबी और हिंदी की प्रसिद्ध लेखिका और कवयित्री थीं। उस जमाने में उनकी सोच को नितांत 'असामाजिक' और 'अवैध' तक माना गया। 'स्त्री को आर्थिक और सामाजिक सुरक्षा के साथ भावनात्मक सुरक्षा की भी बहुत आवश्यकता होती है और अगर यह पति से न मिले तो क्या? साथ ही विवाह के बाद उसका अपना भी कोई अस्तित्व होता है।' अपनी इस सोच को उन्होंने विवाह के बाद अपने प्रेम के लिए अपने पति से तलाक लेकर साबित कर दिया था। शताब्दियों तक उनका जीवन दूसरों, विशेष कर स्त्रियों को आजादी की उड़ान भरने की प्रेरणा देता रहेगा।

अमृता की यह सोच उनके व्यक्तिगत जीवन के साथ उनके द्वारा रचित रचनाओं में स्पष्ट दिखती है। वे इमरोज से विवाह किये बिना उनके साथ 45 वर्ष रहीं। अपने मूल्यों के साथ जीने के लिए उनको निजी जीवन में कड़े संघर्ष के साथ मानसिक यंत्रणा भी झेलनी पड़ी थी, लेकिन स्वयं संघर्ष करके उन्होंने नई पीढ़ी के लिए मार्ग प्रशस्त कर दिया है। आज बदलते समय की सोच के साथ, उनकी तथाकथित असमाजिक धारणाओं के लिए कानून की मुहर तो लग ही चुकी है, समाज की स्वीकृति मिलनी भी आरम्भ हो गयी है।

अमृता का जन्म और बचपन

अमृता का जन्म 31 अगस्त, 1919 में गुजरांवाला (पंजाब-पाकिस्तान) में हुआ था। बचपन लाहौर में बीता और शिक्षा भी वहीं पर हुई।

जब अमृता ग्यारह वर्ष की थीं, तब उनकी मां का निधन हो गया, इसलिये घर की जिम्मेदारी भी इनके कंधों पर आ गयी। वे उन विरले साहित्यकारों में से हैं, जिनका पहला संकलन 16 साल की आयु में प्रकाशित हुआ। उन्हें पंजाब की पहली मुख्य महिला कवियित्री भी माना जाता है। फिर आया 1947 का विभाजन का दौर, उन्होंने विभाजन के दर्द को बहुत गहरे से सहा और बहुत क़रीब से महसूस किया था, उनकी कई रचनाओं में आप इस दर्द की अनुभूति कर सकते हैं। विभाजन के समय इनका परिवार दिल्ली में आ बसा। तब उन्होंने हिन्दी में भी लिखना शुरू कर दिया था।

छोटी उम्र में विवाह

उनका विवाह 16 साल की उम्र में ही 'प्रीतम सिंह' से हुआ, यह रिश्ता बचपन में ही मां-बाप ने तय कर दिया था। 25 वर्षों का यह वैवाहिक जीवन भी 1960 में तलाक के साथ टूटा। अमृता जानती थीं कि उनके मुक्त व स्वतन्त्र व्यक्तित्व को पुरातनपंथी समाज पचा नहीं सकेगा, लेकिन फिर भी उन्होंने स्वयं को सीमा में बांधना स्वीकार नहीं किया।

बड़ी बेबाकी से समाज की परवाह किये बिना उन्होंने अपनी रचना 'रसीदी टिकट' में अपने जीवन का सार लिखा है। अमृता के व्यक्तित्व में जो साहस था, सामाजिक वर्जनाओं के विरुद्ध जो विद्रोही भावना थी, वह बचपन के दिनों से ही उपजने लगी थी। उन्होंने पूरा विद्रोही जीवन जिया और स्याही में कलम डुबोकर बदलाव की कोशिश की। जातीयता और धर्म के नाम पर बने सामाजिक खांचे उन्हें उद्वेलित करने लगे थे।

हर स्थापना पर सवाल

अमृता ने लिखा है-

सबसे पहला विद्रोह मैंने नानी के राज में किया था। देखा करती थी कि रसोई की एक परछत्ती पर तीन गिलास, अन्य बर्तनों से हटाए हुए, सदा एक कोने में पड़े रहते थे। ये गिलास सिर्फ तब परछत्ती से उतारे जाते थे, जब पिताजी के मुस्लिम दोस्त आते थे और उन्हें चाय या लस्सी पिलानी होती थी और

उसके बाद मांज - धोकर फिर वहीं रख दिए जाते थे। अमृता ने इस पर प्रश्न किया।

ग्यारह बरस की उम्र में अमृता ने ईश्वर के अस्तित्व पर प्रश्न खड़ा कर दिया। उन पर धार्मिक पिता का दबाव था, समाज की अपेक्षाएं थीं, लेकिन वे इन सबसे इतर हर रात, सामाजिक कुरीतियों के बने किले में अपने आप को कैद देख कर उससे आजादी के सपने देखती थीं। अमृता ने धार्मिक और जातीय बंधनों के विरोध में कई रचनाएं गढ़ीं, जिसके कारण तत्कालीन सिख समाज उनका विरोध करने लगा, साथ ही कुछ समुदायों ने उन्हें प्रश्नों के घेरे में भी खड़ा कर दिया।

शायर साहिर से रिश्ता

शायर और फिल्म गीतकार साहिर लुधियानवी और पंजाबी लेखिका अमृता प्रीतम की प्रेम कहानी भारतीय साहित्य इतिहास की प्लैटोनिक प्रेम कथाओं में से एक है। दोनों ने बहुत कम वक्त एक साथ गुजारा, वो जब मिलते थे तो बहुत कम बातें करते थे, लेकिन साहित्यिक दायरे में उनके प्यार की बातें अक्सर होती रहती हैं। साहिर जब अमृता से पहली बार मिले तो वो शादीशुदा थीं। दोनों के मुलाकात की वजह भी साहित्य ही था। बात 1944 की है। अमृता प्रीतम एक मुशायरे में शिरकत कर रही थीं। कहा जाता है कि साहिर लुधियानवी पर अमृता की पहली नजर भी इसी मुशायरे में पड़ी थी। अमृता, साहिर की शख्सियत के बारे में जानकर अपने दिल को उस ओर झुकने से रोक ना सकीं। अमृता का दीवाना प्रेम उस महफिल से ही साहिर की इबादत करने लगा।

वे लिखती हैं-

मुझे नहीं मालूम कि साहिर के लफ्जों की जादूगरी थी या कि उनकी खामोश नजर का कमाल था। लेकिन कुछ तो था जिसने मुझे अपनी तरफ खींच लिया।

संस्कारों की एक वह दूरी

साहिर से मिलने के बाद अमृता ने दिल में प्यार के फूल को खिलते महसूस किया। उनको लगा कि यह ईश्वर की ही योजना है, जिसमें किस्मत का हाथ था।

उस मुशायरे की रात को याद करते हुए अमृता लिखती हैं--

आज जब उस रात को मुड़कर देखती हूं तो ऐसा समझ आता है कि तकदीर ने मेरे दिल में इश्क का बीज डाला जिसे बारिश की फुहारों ने बढ़ा दिया।

आत्मकथा 'रसीदी टिकट' में अमृता इस खामोशी से बढ़ते मोहब्बत के जिक्र में लिखती हैं-

जब साहिर मुझसे मिलने लाहौर आते, वो हमारे दरम्यान रिश्ते का विस्तार बन जाता। मेरी खामोशी का फैलाव हो जाता। मानो ऐसे जैसे मेरी बगल वाली कुर्सी पर आकर वो चुपचाप चले गए हों। वो आहिस्ता से सिगरेट जलाते, थोड़ा कश लेकर उसे आधी छोड़ देते। जली सिगरेट को बीच में छोड़ देने की आदत सी थी साहिर में, अधजली सिगरेट को रखकर नयी जला लेते थे। जैसे हमेशा कुछ बेहतर तलाश रहे हों। कभी-एक बार उसके हाथ को छूना चाहती थी, पर मेरे सामने मेरे ही संस्कारों की एक वह दूरी थी, जो तय नहीं होती थी। साहिर की अधूरी सिगरेट को संभाल कर रखना सीख लिया था मैंने। अकेलेपन में यह मेरी साथी थी। उन्हें उंगलियों में थामना मानो साहिर का हाथ थामना था। उनकी छुअन को महसूस करना था। सिगरेट की लत मुझे ऐसे ही लगी।

साहिर का इजहार

बकौल अमृता-

'साहिर ने बहुत बाद में मुझसे अपने इश्क़ का जिक्र किया। उन्होंने बताया कि वो मेरे घर के पास घंटों खड़े रहकर खिड़की खुलने का इंतजार करते थे। घर के नुक्कड़ पर आकर पान खरीदते, सिगरेट सुलगाते या फिर हाथ में सोडे का गिलास ले लेते।'

भारत और पाकिस्तान के बंटवारे के बाद अमृता लाहौर से अपने परिवार के साथ दिल्ली चली गईं और कुछ समय बाद साहिर मुंबई जाकर स्थापित हो गए, लेकिन दूरी के कारण उनके बीच बेपनाह मोहब्बत का एहसास कभी खत्म नहीं हुआ, इस रिश्ते पर उन्होंने अपनी रचना 'रसीदी टिकट' में बड़े बेबाकी से मुहर लगाई है और लोगों के सामने स्वीकार करने में भी नहीं हिचाकिचाईं, वहीं साहिर ने अमृता से अपने प्यार को कभी शब्दों का जामा नहीं पहनाया।'

आखिरी खत और साहिर

साहिर के साथ गुजरे वक्त को अमृता ने अपने लेखन में शामिल करना शुरू कर दिया, उन्होंने साहिर से जुड़ा एक किस्सा 'आखिरी खत' कहानी में लिखा है।

दरअसल उर्दू की साप्ताहिक पत्रिका 'आईना' ने अमृता को पब्लिकेशन के लिए एक कहानी लिखनी थी, माना जाता है कि 'आखिरी खत' वही कहानी है। कहानी में साहिर से अमृता की पहली मुलाकात का जिक्र मिलता है। अमृता ने सोचा शायद वह कहानी साहिर की नजर से गुजर जाए, लेकिन उस समय साहिर की खामोशी ही रही, बरसों बाद साहिर ने उन्हें बताया, 'जब मैंने 'आईना' में आखिरी खत पढ़ा, दिल में आया अभी अब्बास के घर जाऊं, कृष्ण चंदर के घर जाऊं और दोस्तों के घर भी और कहूं कि यह खत मेरे नाम लिखा हुआ है, लेकिन मैं चुप रह गया, लगा कि जब यह कहूंगा तो वे दोस्त कहेंगे -हां- हां, तेरे नाम लिखा है, चलो बेटा, तुम्हें पागलखाने छोड़ आते हैं।'

खूबसूरत रूहानी अहसास

साहिर-अमृता के बीच एक अजीब सा खूबसूरत रिश्ता था, लेकिन वक्त और हालात की गर्द में और साहिर के खामोश रवैये ने इसे दुनियावी रिश्ते में तब्दील नहीं होने दिया और यह रिश्ता एक खूबसूरत रूहानी एहसास से आगे नहीं बढ़ पाया। अमृता ने भी अपने दिल की बात को लिखा ज्यादा साहिर से सीधे रूबरू हो कम मिली, लेकिन उनके साहिर के

प्रति दीवानगी का यह आलम था कि 3 जुलाई 1947 को जब उनका बेटा पैदा हुआ और जब उन्होंने उसका चेहरा पहली बार देखा तो उसकी सूरत साहिर से मिल रही थी, तब उन्हें यकीन हो गया कि मां गर्भावस्था में जिसके रूप की सबसे अधिक कल्पना करती है, बच्चे की सूरत वैसी ही हो जाती है। दिल्ली-लाहौर और बम्बई की दूरियों में प्यार को ज्यादा वक्त नहीं मिला। दोनों के बीच मुश्किल से सीधे बातचीत होती थी।

अमृता लिखती हैं-

दो चीजों ने साहिर और मेरे बीच मुहब्बत को पूरी जिंदगी नहीं दी - एक खामोशी जो कि आखिर तक दिलों को दुखाती रही। दूसरी वजह जबान के फर्क की रही, पंजाबी और उर्दू का फर्क।

किन्तु अंत बहुत सुखद नहीं

साहिर और अमृता की कहानी का अंत बहुत सुखद नहीं रहा। साहिर ने कभी अमृता के सामने विवाह का प्रस्ताव नहीं रखा, लेकिन साहिर ने ताउम्र शादी नहीं की। अमृता साहिर के लिए क्या थीं ये 'मनवानी' की किताब में जिक्र किए गए एक वाकये से पता चलता है। दिल्ली में एक बार अमृता साहिर और उनकी मां से मिलने आई थीं। उनके जाने के बाद दोस्तों के सामने ही साहिर ने अपनी मां से कहा, 'मांजी, ये अमृता थी, जानती हो ना? ये आपकी बहू बन सकती थी।' उनकी मां ने जवाब में कहा था, 'बेटा, बहू बनाओ तो सही किसी को।'

1960 का साल अमृता के जीवन का सबसे उदास साल था, इसी वर्ष उनका अपने पति से तलाक हुआ था, दूसरा 'ब्लिट्ज' अखबार में छपे एक फोटो के साथ समाचार, 'साहिर की जिन्दगी को एक नई मोहब्बत मिल गयी' और यह नई मोहब्बत और कोई नहीं प्रसिद्ध गायिका' सुधा मल्होत्रा' थीं, कितना अजीब संयोग है कि साहिर ने जिन दो महिलाओं, अमृता और सुधा से मोहब्बत की उन दोनों के नाम एक- दूसरे के पर्याय हैं। साहिर के साथ इस नए रिश्ते के जुड़ने के समाचार को पढ़ने के बाद अमृता गहरे अवसाद में चली गयी थीं और उन्हें साइकेट्रिस्ट से इलाज करवाना पड़ा था।

बच्चों के जीवन पर प्रभाव

अमृता का अपने पति से तलाक और अन्य पुरुष से प्रेम के कारण उनकी बेटी कंदला और बेटे नवरोज का जीवन भी प्रभावित हुआ था।

उनके शब्दों में -

मन की पीड़ा में से गुजरती हुई मां के घर जन्में बच्चों को उसकी पीड़ा भी भुगतनी पड़ती है, जानती हूं इस पीड़ा को मेरे बच्चों ने भुगता है, पर मेरी लड़की ने सारे समय की लम्बाई में कभी भी मेरे साथ हमदर्दी नहीं खोई, पर पुत्र ने कुछ समय के लिए जरूर खो दी थी, बचपन से लेकर जवान होने तक, वह शायद एक के लड़का और एक के लड़की होने का अंतर था।

साहिर लुधियानवी का जन्म 8 मार्च 1921 को लुधियाना में तथा इंतकाल 25 अक्टूबर 1980 को 59 वर्ष की आयु में मुंबई में हुआ।

अमृता और इमरोज

अमृता और उनसे 7 साल छोटे इमरोज के प्यार का सिलसिला धीरे-धीरे ही शुरू हुआ था। 1957 में अमृता ने एक चित्रकार सेठी से अपनी किताब 'आखिरी खत' का कवर डिजाइन करने का अनुरोध किया था। सेठी ने कहा कि वो एक ऐसे व्यक्ति को जानते हैं जो यह काम उनसे बेहतर कर सकता है।

सेठी के कहने पर अमृता ने इमरोज को अपने पास बुलाया। उस जमाने में वो उर्दू पत्रिका 'शमा' में काम किया करते थे। इमरोज ने उनके कहने पर इस किताब का डिजाइन तैयार किया। उन्हें डिजाइन भी पसंद आ गया और आर्टिस्ट भी। उसके बाद मिलने-जुलने का सिलसिला शुरू हो गया।

बकौल इमरोज-हम दोनों पास ही रहते थे। मैं साउथ पटेल नगर में और वो वेस्ट पटेल नगर में, एक बार मैं यूं ही उनसे मिलने चला गया। बातों-बातों में मैंने कह दिया कि मैं आज के दिन पैदा हुआ था। गांवों में लोग पैदा तो होते हैं, लेकिन उनके जन्मदिन नहीं होते। वो एक मिनट के

लिए उठीं, बाहर गईं और फिर आकर वापस बैठ गईं। थोड़ी देर में एक नौकर प्लेट में केक रखकर बाहर चला गया। उन्होंने केक काट कर एक टुकड़ा मुझे दिया और एक खुद लिया। ना उन्होंने हैपी बर्थडे कहा ना ही मैंने केक खाकर शुक्रिया कहा। बस एक-दूसरे को देखते रहे, लेकिन आंखों से जरूर लग रहा था कि हम दोनों खुश हैं।

प्यार की परिभाषा

दुनिया में हर आशिक की तमन्ना होती है कि वो अपने इश्क का इजहार करें, लेकिन अमृता और इमरोज इस मामले में अनूठे थे कि उन्होंने कभी भी एक दूसरे से नहीं कहा कि वो एक-दूसरे से प्यार करते हैं। इमरोज बताते हैं, 'जब प्यार है तो बोलने की क्या जरूरत है? फिल्मों में भी आप उठने-बैठने के तरीके से बता सकते हैं कि हीरो-हीरोइन एक दूसरे से प्यार करते हैं, लेकिन वो फिर भी बार-बार कहते हैं कि वो एक-दूसरे से प्यार करते हैं और यह भी कहते हैं कि वो सच्चा प्यार करते हैं, जैसे कि प्यार भी कभी झूठा होता है।'

अलग-अलग कमरे

इमरोज के शब्दों में -

'परंपरा यह है कि आदमी-औरत एक ही कमरे में रहते हैं। हम पहले दिन से ही एक ही छत के नीचे अलग-अलग कमरों में रहते रहे, वो रात के समय लिखती थीं। जब ना कोई आवाज होती हो ना टेलीफोन की घंटी बजती हो और ना कोई आता-जाता हो। उस समय मैं सो रहा होता था। उनको लिखते समय चाय चाहिए होती थी। वो खुद तो उठकर चाय बनाने जा नहीं सकती थीं। इसलिए मैंने रात के एक बजे उठना शुरू कर दिया। मैं चाय बनाता और चुपचाप उनके आगे रख आता। वो लिखने में इतनी खोई हुई होती थीं कि मेरी तरफ देखती भी नहीं थीं। ये सिलसिला चालीस-पचास सालों तक चला।' जब अलग कमरों में रहने का जिक्र होता था तो इमरोज कहा करते थे, 'हमें एक-दूसरे की खुशबू तो आती है।' ऐसा जोड़ा बहुत कम देखा जा सकता है, जिनकी एक दूसरे पर इतनी निर्भरता

है। लेकिन कोई दावा नहीं है।

और बुखार गायब हो गया

वर्ष 1958 में जब इमरोज को मुंबई में नौकरी मिली तो अमृता को दिल ही दिल में अच्छा नहीं लगा। उन्हें लगा कि साहिर लुधियानवी की तरह इमरोज भी उनसे अलग हो जाएंगे।

इमरोज बताते हैं कि, 'गुरुदत्त मुझे अपने साथ रखना चाहते थे। वेतन पर बात तय नहीं हो पा रही थी। अचानक एक दिन अपॉएंटमेंट-लैटर आ गया और वो उतने पैसे देने के लिए राजी हो गए, जितने मैं चाहता था।

मैं बहुत खुश हुआ। दिल्ली में अमृता ही अकेली थीं, जिनसे मैं अपनी खुशी शेयर कर सकता था। मुझे खुश देख कर वो खुश तो हुई, लेकिन फिर उनकी आंखों में आंसू आ गए।

उन्होंने थोड़ा घुमा-फिराकर जताया कि वो मुझे मिस करेंगी, लेकिन कहा कुछ नहीं। मेरे जाने में अभी तीन दिन बाकी थे। उन्होंने कहा कि वे तीन दिन जैसे उनकी जिंदगी के आखिरी दिन हों।

तीन दिन हम दोनों जहां भी उनका जी चाहता, जाकर बैठते। फिर मैं मुंबई चला गया। मेरे जाते ही अमृता को बुखार आ गया। तय तो मैंने यहीं कर लिया था कि मैं वहां नौकरी नहीं करूंगा। दूसरे दिन ही मैंने फोन किया कि मैं वापस आ रहा हूं।

उन्होंने पूछा सब कुछ ठीक है ना, मैंने कहा कि सब कुछ ठीक है, लेकिन मैं इस शहर में नहीं रह सकता। मैंने तब भी उन्हें नहीं बताया कि मैं उनके लिए वापस आ रहा हूं। मैंने उन्हें अपनी ट्रेन और कोच नंबर बता दिया था। जब मैं दिल्ली पहुंचा वो मेरे कोच के बाहर खड़ी थीं और मुझे देखते ही उनका बुखार उतर गया।'

नहीं भूल पाईं साहिर को

इसके बावजूद अमृता साहिर को ताउम्र नहीं भुला पाईं और इमरोज

को भी इसका अंदाजा था, लेकिन यह कोई अजीब बात नहीं थी। दोनों इस बारे में काफी सहज थे।

अमृता का कहना था, 'साहिर एक तरह से आसमान हैं और इमरोज मेरे घर की छत!' इमरोज और अमृता के पास जब कार नहीं थी तो वो अक्सर उन्हें स्कूटर पर ले जाते थे।

इमरोज बताते थे-

अमृता की उंगलियां हमेशा कुछ न कुछ लिखती रहती थीं। चाहे उनके हाथ में कलम हो या न हो। उन्होंने कई बार पीछे बैठे हुए मेरी पीठ पर साहिर का नाम लिख दिया। इससे मुझे पता चला कि वो साहिर को कितना चाहती थीं! लेकिन इससे फर्क क्या पड़ता है। वे उन्हें चाहती हैं तो चाहती हैं। मैं भी उन्हें चाहता हूं।

साथी भी और ड्राइवर भी

अमृता जहां भी जाती थीं, इमरोज को साथ लेकर जाती थीं। यहां तक कि जब उन्हें राज्यसभा के लिए मनोनीत किया गया तो इमरोज हर दिन उनके साथ संसद भवन जाते थे और बाहर बैठकर उन का इंतजार किया करते थे। वो उनके साथी भी थे और उनके ड्राइवर भी।

इमरोज कहते हैं-

अमृता काफी मशहूर थीं। उनको कई दूतावासों की ओर से अक्सर खाने पर बुलाया जाता था। मैं उनको लेकर जाता था और उन्हें वापस भी लाता था। मेरा नाम अगर कार्ड पर नहीं होता था तो मैं अंदर नहीं जाता था। मेरा डिनर मेरे साथ जाता था और मैं कार में बैठकर संगीत सुनते हुए अमृता का इंतजार करता था।

धीरे-धीरे उनको पता चल गया, तब उन्होंने मेरा नाम भी कार्ड पर लिखना शुरू कर दिया। जब वो संसद भवन से बाहर निकलती थीं तो उद्घोषक को कहती थीं कि इमरोज को बुला दो। वो समझता था कि मैं उनका ड्राइवर हूं। वो चिल्लाकर कहता था- इमरोज ड्राइवर और मैं गाड़ी

लेकर पहुंच जाता था।

'इमरोज अमृता के जीवन में तब आये, जब वे अपनी उम्र के लगभग चार दशक पूरे कर चुकी थीं। एक बार अमृता ने उनसे कहा-राही, तुम मुझे संध्या वेला में क्यों मिले? जिंदगी का सफर खत्म होने वाला है, तुम्हें मिलना था तो जिंदगी की दोपहर के समय मिलते, उस दोपहर का सेंक तो देख लेते।

छोड़ा नहीं साथ

अमृता का आखिरी समय बहुत तकलीफ और दर्द में बीता। बाथरूम में गिर जाने से उनके कूल्हे की हड्डी टूट गई। उसके बाद मिले दर्द ने उन्हें कभी नहीं छोड़ा।

इमरोज ने अमृता की सेवा करने में अपने आपको पूरी तरह से झोंक दिया। उन दिनों को अमृता के लिए इमरोज ने खूबसूरत बना दिया। उन्होंने उनकी बीमारी को उनके साथ-साथ सहा। बहुत ही प्यार से वो उनको खिलाते, उनको पिलाते, उनको नहलाते, उनको कपड़े पहनाते। वो उनसे बातें करते, उन पर कविताएं लिखते, उनकी पसंद के फूल लेकर आते। जबकि वो इस काबिल भी नहीं थीं कि वो हूं-हां करके उसका जवाब ही दे सकें।

31 अक्तूबर 2005 को अमृता ने आख़िरी सांस ली। लेकिन इमरोज के लिए अमृता अब भी उनके साथ है। उनके बिल्कुल क़रीब। इमरोज कहते हैं-उसने जिस्म छोड़ा है साथ नहीं। वह अब भी मिलती है, कभी तारों की छांव में, कभी बादलों की छांव में, कभी किरणों की रोशनी में, कभी ख़्यालों के उजाले में, हम उसी तरह मिलकर चलते हैं। चुपचाप हमें चलते हुए देखकर फूल हमें बुला लेते हैं। हम फूलों के घेरे में बैठकर एक-दूसरे को अपना अपना कलाम सुनाते हैं।

उसने जिस्म छोड़ा है साथ नहीं।

अमृता एक अनुभूति

सामान्य परिवार, सामान्य लोग और साधारण सी परिस्थितियों में

उपजा प्रेम आज के युवाओं के लिए भी मिसाल है।

इसमें 'तू नहीं तो कोई और' का सिद्धान्त नहीं है। मात्र आकर्षण नहीं है। झूठे वायदे और धोखा नहीं है। हृदय की अतल गहराई में बसी चाहत है, बस चाहत है। कभी न समाप्त होने वाली इस अनुभूति को अमृता प्रीतम ने यथार्थ से उठाकर साहित्य जगत में स्थापित कर दिया।

शिवानी

'पहाड़ी पृष्ठभूमि और संस्कृति पर लिखी रचनाओं के लिए प्रसिद्ध लेखिका'

शिवानी हिन्दी की सुप्रसिद्ध कहानीकार एवं उपन्यासकार थीं। उनका वास्तविक नाम 'गौरा पंत' था, किन्तु वे 'शिवानी' नाम से लेखन करती थीं। वे अपनी रचनाओं में उत्तर भारत के कुमायूं क्षेत्र के आसपास की लोक संस्कृति और किरदारों के बेमिसाल चरित्र चित्रण करने के लिए जानी गईं।

जन्म और बचपन

गौरा पंत 'शिवानी' का जन्म 17 अक्टूबर 1923 को विजयादशमी के दिन राजकोट (गुजरात) में हुआ। उनके पिता आधुनिक विचारों के समर्थक श्री अश्विनी कुमार पांडे राजकोट के प्रसिद्ध 'प्रिंसेज कॉलेज' के प्रधानाचार्य थे। वे अंग्रेजी के सिद्धहस्त लेखक भी थे, जो कालांतर में माणबदर और रामपुर की रियासतों के दीवान भी रहे, वे वायसराय के वार काउंसिल में मेम्बर भी थे।

उनकी गुजराती मां 'लीलावती' संस्कृत की विदूषी ही नहीं, बल्कि 'लखनऊ महिला विद्यालय' की प्रथम छात्रा भी थीं। माता और पिता दोनों ही विद्वान संगीत प्रेमी और कई भाषाओं के ज्ञाता थे। शिवानी को भाषा और संगीत के प्रति गहरा रुझान उनके कारण ही हुआ।

शिवानी के दादा संस्कृत के प्रकांड विद्वान, पं. हरिराम पाण्डे की 'बनारस हिन्दू विश्वविद्यालय' के संस्थापक 'महामना मदनमोहन मालवीय' से गहरी मित्रता थी। वे 'बनारस हिंदू विश्वविद्यालय' में धर्मोपदेशक थे और प्रायः अल्मोड़ा तथा बनारस में रहते थे, अतः शिवानी जी का बचपन अपनी

बड़ी बहन जयंती तथा भाई त्रिभुवन के साथ दादाजी की छत्रछाया में उक्त स्थानों पर ही बीता।

हिंदी साहित्य जगत में शिवानी एक ऐसी शख्सियत रहीं, जिनको बचपन से ही पारिवारिक वातावरण ऐसा मिला कि उनके लिए लेखन का विस्तृत आकाश बनता ही चला गया। उनके लेखन तथा व्यक्तित्व में प्रगतिशील विचारों और परम्परावाद का अद्भुत मेल तथा संस्कृत, गुजराती, बंगाली, उर्दू तथा अंग्रेजी भाषा पर उनकी अच्छी पकड़ उनके वैविध्यपूर्ण वातावरण में बीते बचपन के ही कारण थी।

शिवानी 1935 में, जब वे मात्र बारह वर्ष की थीं, मालवीय जी की सलाह पर पढ़ने के लिए बहन जयंती तथा भाई त्रिभुवन के साथ रवीन्द्र नाथ टैगोर' के 'शांति निकेतन' में भेजी गईं, जहां 1943 तक शिक्षा प्राप्त की और स्नातक की डिग्री उन्होंने प्रथम स्थान के साथ पास की। गुरुदेव रवीन्द्रनाथ टैगोर उन्हें 'गोरा' पुकारते थे। उस दौरान स्कूल तथा कॉलेज की पत्रिकाओं में बांग्ला में उनकी रचनाएं नियमित रूप से छपती रहीं। उसी समय शिवानी ने रवीन्द्रनाथ टैगोर की सलाह पर कि हर लेखक को मातृभाषा में ही लेखन करना चाहिए, हिन्दी में लिखना प्रारम्भ किया।

शिवानी का व्यक्तित्व

आडंबर से शिवानी को सख्त चिढ़ थी, उनका कहना है, 'आज लोग त्योहारों पर उपहार भेजनेवालों के हृदय की गरिमा को नहीं तौलते, वे उपहारों की गरिमा तौलना सीख गए हैं। बाह्याडंबर जितना बढ़ता जा रहा है उतना ही हृदय सिमट-सिकुड़ कर छोटा होता जा रहा है।' समय के बहाव में बदलती जा रही जीवन-शैली में समयाभाव के कारण त्योहारों में उत्साह की कमी की विवशता को वह बहुत ध्यान से देख और अनुभव कर रही थीं।

उन्होंने एक जगह लिखा है- 'मैं उस युग की साक्षिणी रही हूं, जब इन्सान इन्सान था, न हिंदू, न मुसलमान। हर हिंदू त्योहार में देश भर के पढ़े-लिखे अपढ़ मुसलमान समान उत्साह से भाग लेते थे और हर हिंदू उसी उत्साह से मुसलमानों के त्योहार में भाग लेता था। हर हिंदू की जबान पर

सेवइयों की मिठास रहती और हर मुसलमान गुझियों का आनंद उठाता था।'

इसका अर्थ यह नहीं कि शिवानी बनारस के हिंदू-मुसलिम के भयानक दंगे को भूल गयी थीं, बल्कि एक रचनाकार की समझदार आंख ने यह देख लिया था कि तब वह चालाकी से अंग्रेजों की भड़काई आग थी और आज हमारे अपने राजनीतिज्ञ ही हमारे घरों को फूंक तमाशा देख रहे हैं।

अपने समकालीन साहित्यकारों की तुलना में वे काफी सहज और सादगी से भरी थीं।

विवाह

शिवानी के पति 'एस डी पंत' शिक्षा विभाग में थे, इसलिए विवाह के बाद उनका अधिकांश समय उत्तर प्रदेश की शासकीय सेवा में कार्यरत अपने शिक्षाविद पति के साथ विभिन्न स्थानों पर बीता। शिवानी की तीन बेटियां वीणा, मृणाल पांडे, ईरा पांडे हैं, जिनमें दो ईरा पांडे और मृणाल पांडे भी लेखिकाएं हैं। मृणाल पांडे तो दैनिक हिंदुस्तान की संपादक हैं और एक बेटा मुक्तेश पंत, सबसे छोटा आजकल अमेरिका में है।

दुर्भाग्य से पति के असमय मृत्यु से टूटी शिवानी को सांत्वना देते हुए उनके मित्र 'अमृतलाल नागर' ने उनसे कहा था-

देखो गौरा बेन, मनुष्य दो तरह से जीता है, एक घुलकर, एक तपकर। हम नहीं चाहते कि तुम घुलकर जियो। तुम्हें तपकर जीना है, खूब लिखो और उसी स्याही में अपना दुख मिला दो। लेखनी को सदा जंगल से पकड़ी गई नई-नई नागिन समझो गौरा बेन ! बिना खोले पिटारे में बन्द रखोगी तो ढकना खोलते ही डस लेगी। उसे रोज बीन बजाकर झुमाना सीखो।

और पति की मृत्यु के बाद शिवानी ने दुःख में घुलने के स्थान पर लेखन द्वारा तप कर जीने को चुना। उन्होंने अपने आप को लेखन में डुबो दिया और बच्चों के साथ लखनऊ को स्थायी निवास बना लिया।

साहित्य क्षेत्र में योगदान

स्वतंत्रता के बाद भारत की सर्वाधिक लोकप्रिय हिंदी कथाकार का लेखकीय नाम 'शिवानी' इस प्रकार चर्चित हुआ कि उनका वास्तविक नाम 'गौरा पंत' उसके बोझ तले दब कर रह गया।

पहाड़ी पृष्ठभूमि और गुरुदेव की शरण में शिक्षा प्राप्ति ने शिवानी की भाषा और लेखन को बहुआयामी बनाया। बांग्ला साहित्य और संस्कृति का भी शिवानी पर गहरा प्रभाव पड़ा, जो उनकी कृतियों में किरदारों के बेमिसाल चरित्र चित्रण और कुमाऊं क्षेत्र के आसपास के पहाड़, वहां रहने वाले भोले भाले लोग और वहां की संस्कृति का जीता जागता वर्णन पढ़ने से महसूस होता है। उनका लिखा साहित्य पढ़ कर कुमाऊंनी भाषा हम आसानी से समझ लेंगे, क्योंकि उनके लेखन में कुमाऊंनी शब्दों और मुहावरों की भरमार रहती थी। उनकी रचनाओं में कुमाऊंनी के अतिरिक्त बांग्ला तथा गुजराती सहित अन्य भाषाओं का भी पुट मिलता है।

उनकी रचनाएं मुख्यतः महिलाओं पर केन्द्रित बहुत अधिक पसंद की जाती हैं। उन्होंने अपनी कृतियों में नायिका के सौंदर्य और उसके चरित्र का वर्णन बड़े दिलचस्प अंदाज में किया है। इनके लेखन में भावों का सुन्दर चित्रण, भाषा की सादगी होती है।

हिन्दी साहित्य में शिवानी एक जाना पहचाना नाम है। उन्होंने बहुत सारे उपन्यास, कहानियां, आलेख, निबन्ध, व्यक्तिचित्र, बाल उपन्यास और संस्मरण लिखकर हिन्दी साहित्य को अपना योगदान देने के अतिरिक्त, लखनऊ से निकलने वाले पत्र 'स्वतन्त्र भारत' के लिए वर्षों तक एक चर्चित स्तम्भ 'वातायन' भी लिखा।

शिवानी की पहली रचना महज 12 वर्ष की उम्र में अल्मोड़ा से निकलनेवाली 'नटखट' नामक एक बाल पत्रिका में छपी थी।

साठ और सत्तर के दशक में मुंबई से निकलने वाली साप्ताहिक पत्रिका 'धर्मयुग' का बहुत बड़ा नाम था। इसमें उनके कई उपन्यास धारावाहिक रूप से प्रकाशित हुए। इससे शिवानी का नाम घर-घर में पहचाना जाने लगा। 1951 में सबसे पहली उनकी लघु रचना 'मैं मुर्गा हूं' 'धर्मयुग' में छपी थी।

उसके बाद उनकी 'लाल हवेली' कहानी छपी और नारी संवेदनाओं को चित्रित करने वाला शिवानी का पहला उपन्यास 'लाल दीवारें' धर्मयुग में धारावाहिक रूप से प्रकाशित हुआ था। तब से जो उनका लेखन-क्रम शुरू हुआ, उनके जीवन के अन्तिम दिनों तक चलता रहा। उनके लखनऊ स्थित आवास-66, गुलिस्तां कालोनी के द्वार लेखकों, कलाकारों, साहित्य-प्रेमियों के साथ समाज के हर वर्ग से जुड़े उनके पाठकों के लिए सदैव खुले रहे।

'कृष्णकली' उनका सबसे प्रसिद्ध उपन्यास है। इसके दस से भी अधिक संस्करण प्रकाशित हो चुके हैं।

उनकी अन्तिम दो रचनाएं। 'सुनहुँ तात यह अकथ कहानी' तथा 'सोने दे' उनके विलक्षण जीवन पर आधारित आत्मकथा है।

शिवानी जी का सर्वाधिक चर्चित कहानी संग्रह 'करिये छिमा' है। इस पर फिल्म एवं 'सुरंगमा', 'रतिविलाप', 'मेरा बेटा' और 'तीसरा बेटा' पर टीवी धारावाहिक बन चुके हैं।

इस परिवर्तनशील रचनाकार की लोकप्रियता अपने आप में इस बात का सबसे बड़ा सबूत है कि उनके विचारों के समर्थकों की संख्या कभी कम नहीं रही। उनके पात्रों में वैसे तो हर उम्र के लोग हैं, लेकिन प्रायः युवा पात्र बहुतायत में नजर आते हैं। उनके चरित्र देर तक पाठक के मन में बसे रहते हैं। हिंदी कथा के पाठकों में पैठ बनानेवाले उन जैसे रचनाकार कम ही होंगे। उनके शब्दों में, 'मेरा लेखन कोई कल्पना की उड़ान नहीं, यह सच्चाई से जुड़ा है।'

उनके समाकालीन साहित्यकारों की उनके लेखन के लिए राय

कमलेश्वर कहते हैं-

उनका लेखन खासतौर से महत्वपूर्ण है, क्योंकि हिंदी लेखन में प्रतिवाद की या स्त्रीवाद की या यों कहें कि हर तरह के हस्तक्षेप की भूमिका चल रही है। शिवानी की भूमिका इससे अलग एक सकारात्मक दृष्टि लेकर चलनेवाली लेखिका की थी, जिसकी परंपरा महादेवी वर्मा से शुरू होती है। वे

कहते हैं कि शिवानी का लेखन विश्वास दिलाता था। उनका लेखन प्रतिवाद नहीं करता था, बल्कि मनुष्य को और अपने समय को पढ़ने की कोशिश करता था।

उनकी अधिकतर कहानियां और उपन्यास नारी प्रधान रहे। उनकी लिखी कृतियों में कृष्णकली, भैरवी, आमादेर शान्तिनिकेतन, विषकन्या, चौदह फेरे आदि प्रमुख हैं। उन्होंने अपनी कृतियों में नायिका के सौंदर्य और उसके चरित्र का वर्णन बड़े दिलचस्प अंदाज में किया है।

वरिष्ठ रचनाकार ममता कालिया लिखती हैं-

हिन्दी साहित्य की मुख्यधारा में उनका योगदान कितना रहा यह कहना मुश्किल है, पर यह जरूर है कि कहानी के क्षेत्र में पाठकों और लेखकों की रुचि निर्मित करने तथा कहानी को केंद्रीय विधा के रूप में विकसित करने का श्रेय शिवानी को जाता है। वह कुछ इस तरह लिखती थीं कि लोगों की उसे पढ़ने को लेकर जिज्ञासा पैदा होती थी। उनकी भाषा शैली कुछ-कुछ महादेवी वर्मा जैसी रही, पर उनके लेखन में एक लोकप्रिय किस्म का मसविदा था। उनकी कृतियों से यह झलकता है कि उन्होंने अपने समय के यथार्थ को बदलने की कोशिश नहीं की। शिवानी की कृतियों में चरित्र चित्रण में एक तरह का आवेग दिखाई देता है। वह चरित्र को शब्दों में कुछ इस तरह पिरोकर पेश करती थीं, जैसे पाठकों की आंखों के सामने राजा रवि वर्मा का कोई खूबसूरत चित्र तैर जाए। उन्होंने संस्कृत निष्ठ हिंदी का इस्तेमाल किया। पर कहानी की विधा में ही रहने के चलते वे हिन्दी के विचार जगत में एक नया पथ प्रदर्शन नहीं कर पाईं।

शिवानी के करीब रहीं पद्मा सचदेव का कहना है-

जब शिवानी का उपन्यास 'कृष्णकली' धर्मयुग में प्रकाशित हो रहा था तो हर जगह इसकी चर्चा होती थी। मैंने उनके जैसी भाषा शैली और किसी की लेखनी में नहीं देखी। उनके उपन्यास ऐसे हैं, जिन्हें पढ़कर यह एहसास होता था कि वे खत्म ही न हों। उपन्यास का कोई भी अंश उसकी कहानी में पूरी तरह डुबो देता था। शिवानी भारतवर्ष के हिंदी साहित्य के

इतिहास का बहुत प्यारा पन्ना थीं। अपने समकालीन साहित्यकारों की तुलना में वह काफी सहज और सादगी से भरी थीं। उनका साहित्य के क्षेत्र में योगदान बड़ा है, पर हिन्दी जगत ने उन्हें पूरा सम्मान नहीं दिया, जिनकी वे हकदार थीं। शिवानी के आखिरी दिनों में भी उनके संपर्क में रहीं पद्मा सचदेव ने कहा कि उन्हें गायन का काफी शौक था। उन्हें आखिर तक कुमाऊं से बेहद प्यार रहा। उन्हें वहीं के नजारे याद आते थे।

कुमाऊंनी ब्राह्मण परिवार में जन्मी शिवानी में अपने मूल्यांकन को लेकर कभी कोई तनाव या कुंठा नहीं रही, बल्कि उन्होंने यही कहा कि जितना दे सकी हूं, उससे कहीं अधिक मैंने पाया है।

प्रमुख रचनाएं-

बंगला साहित्य और संस्कृति का शिवानी पर गहरा प्रभाव पड़ा। उनकी 'आमादेर शांति निकेतन' और 'स्मृति कलश' इस पृष्ठ भूमि पर लिखी गई श्रेष्ठ पुस्तकें हैं।

उपन्यास-

कृष्णकली, कालिंदी, अतिथि, पूतों वाली, चल खुसरों घर आपने, श्मशान चंपा, मायापुरी, कैंजा, गेंदा, भैरवी, स्वयंसिद्धा, विषकन्या, रतिविलाप, आकाश

कहानी संग्रह-

शिवानी की श्रेष्ठ कहानियां, शिवानी की मशहूर कहानियां, झरोखा, मृण्माला की हंसी

संस्मरणः अमादेर शांति निकेतन, समृति कलश, वातायन, जालक

यात्रा विवरणः चरैवैति, यात्रिक

आत्मकथा-

सुनहू तात यह अकथ कहानी

धारावाहिक-

सुरंगमा, रतिविलाप, मेरा बेटा, तीसरा बेटा

सम्मान

पुरस्कार- 1982 में शिवानी जी को भारत सरकार द्वारा पद्मश्री से अलंकृत किया गया।

निधन

शिवानी अन्तिम समय में दिल्ली में अपनी बेटियों तथा अमेरिका में बसे पुत्र के परिवार के साथ रहीं। अस्सी वर्ष की उम्र में, 21 मार्च, 2003 को राजधानी दिल्ली में शिवानीजी ने अंतिम सांसें लीं, लेकिन अपनी रचनाओं के कारण पाठकों के मन में वे हमेशा याद रखी जाएंगी।

मोहन राकेश

'नयी कहानी आंदोलन के प्रसिद्ध साहित्यकार मोहन राकेश'

बहुमुखी प्रतिभा के धनी, 'मोहन राकेश' हिंदी साहित्य के उन चुनिंदा साहित्यकारों में से हैं, जिन्हें1950 के दशक की नयी कहानी आंदोलन का नायक माना जाता है और अधिकांश लोग उन्हें साहित्य जगत् में उस दौर का 'महानायक' भी कहते हैं। वे सशक्त, प्रतिष्ठित कथाकार, उपन्यासकार, चिन्तक और नाटककार थे।

मोहन राकेश जी का का जन्म और बचपन

मोहन राकेश का जन्म 8 जनवरी, 1925 को अमृतसर में हुआ था। उनका वास्तविक नाम मदनमोहन गुगलानी था और पिता श्री करमचंद गुगलानी थे, जो एक प्रसिद्ध वकील, साहित्यकार एवं संगीत- प्रेमी थे। पिता की साहित्यिक रुचि का प्रभाव मोहन राकेश पर भी पड़ा। मोहन राकेश की आर्थिक स्थिति अच्छी नहीं थी। यहां तक कि जब 8 फरवरी, 1941 को उनके पिता की आकस्मिक मृत्यु हो गयी तब उन्हें उनके दाह संस्कार के लिए अपनी माता के हाथों की सोने की चूड़ियां बेचनी पड़ीं।

शिक्षा

मोहन राकेश ने लाहौर के 'ओरियंटल कॉलेज' से 'शास्त्री' की परीक्षा पास की। किशोरावस्था में सिर से पिता का साया उठने के बावजूद उन्होंने हिम्मत नहीं हारी और पढ़ाई जारी रखी। इसके बाद उन्होंने 'पंजाब विश्वविद्यालय' से हिन्दी और अंग्रेजी में एम. ए. किया।

अध्यापनकार्य

एम. ए. करने के बाद उन्होंने आजीविका के लिए कई वर्षों तक

दिल्ली, जालंधर, शिमला और मुंबई में अध्यापन कार्य किया। साहित्यिक रुचि के चलते उनका मन अध्यापन कार्य में जम न सका तो सन 1962-63 में मासिक पत्रिका 'सारिका' का एक वर्ष तक सम्पादन कार्य किया। इस कार्य को भी अपने लेखन में बाधा समझकर उन्होंने त्यागपत्र दे दिया। उसके बाद स्वतंत्र लेखन को ही अपनी उम्र के 39वें वर्ष से जीवनपर्यंत जीविकोपार्जन का साधन बना लिया।

मोहन राकेश शुरू से ही स्वभाव से फक्कड़ थे।

प्रसिद्ध लेखक कमलेश्वर ने लिखा है, सारिका में उन्होंने सिर्फ 11 महीने काम किया। जब शाँति प्रसाद जैन ने उनसे पूछा कि तुम इतनी अच्छी नौकरी क्यों छोड़ रहे हो तो उनका जवाब था, 'मैं एक एयरकंडीशनर खरीदना चाहता था। अब मेरे पास इतना पैसा हो गया है कि मैं एयर कंडीशनर खरीद सकता हूं। इसलिए यह नौकरी छोड़ रहा हूं।'

जब वे अपनी पहली शादी के लिए इलाहाबाद पहुंचे थे तो उनके साथ कोई बारात नहीं थी। लगभग यही उन्होंने अपनी दूसरी शादी के वक्त भी किया था। न किसी को खबर की और न ही किसी को बुलाया और दोनों ही शादियां नहीं टिकीं।

मोहन राकेश-अनीता की प्रेम कहानी :

फिर उनकी मुलाकात 'अनीता औलक' से हुई। दिलचस्प बात यह थी कि 'अनीता' की माँ 'चंद्रा' मोहन राकेश की भक्त थीं। वे उनको खत लिखा करती थीं। उनके ही अनुरोध पर वे एक बार मुंबई से दिल्ली जाते हुए ग्वालियर में उनके घर रुके।

उस दौरान अनीता ने महसूस किया कि मोहन की निगाहें हमेशा उनका पीछा कर रही थीं। अनीता लिखती हैं, 'एक दिन पूरा परिवार 'दिल एक मंदिर' फिल्म देखने सिनेमा हॉल गया। मैं मोहन के बगल में बैठी। फिल्म के दौरान कितनी बार एक हत्थे पर दो बाहें टकराईं। तभी मेरा रुमाल जमीन पर गिर गया। मैं रुमाल उठाने के लिए झुकी तो अनजाने में ही मेरा हाथ उनके पैरों से छू गया। मैं खामोश रही और उस खामोशी का जवाब

भी उसी तरीके की एक खामोशी से दिया गया।'

जब अनीता ने पहली बार अपनी मां से कहा कि वह मोहन से शादी करना चाहती है तो वे अवाक् रह गईं। उन्होंने उनके मुंह पर दो थप्पड़ रसीद किए और बोलीं, 'तू समझती है वह तुझसे प्यार करता है। वह तेरे ऊपर थूकेगा भी नहीं। तू समझती है वह तुझसे शादी करेगा !'

जिस दिन अनीता को अपना घर छोड़ कर मोहन राकेश के साथ दिल्ली जाना था, उनके पास सिर्फ उनकी किताबें और सर्टिफिकेट थे। उस समय अनीता की उम्र 21 साल की भी नहीं थी।

अनीता लिखती हैं, 'मुंबई उतरते ही राकेश मुझे 'सन एंड सैंड' होटल ले गए। जब हम होटल पहुंचे तो मुझे बहुत अजीब सा लग रहा था कि ये लोग कहेंगे कि इसके साथ कौन आई है। राकेश ने अपने और मिस अनीता औलक के नाम से कमरा बुक कराया था। कमरे में पहुंच कर जब मैंने खिड़की का पर्दा हटाने की कोशिश की तो राकेश ने पर्दा खींच कर कहा कि यहां पर्दा खोलने के जुर्म में कैद कर लिया जाता है। जब उन्होंने कमरे की चिटखनी लगाई तो मुझे लगा कि अब क्या होगा? उन्होंने कहा कि कुछ नहीं होगा। मैंने कहा मुझे घर छोड़ आओ। मुझे बहुत डर लग रहा है। उन्होंने मुझसे पूछा, तुम्हारा दिल करता है यहां से जाने का। मैंने कहा, 'नहीं।'

मुंबई में मोहन राकेश अपने दोस्तों में इतना खो गए कि उनके पास अनीता के लिए बहुत कम वक्त रहता था। अनीता बताती हैं, 'हम न अकेले मिल सकते थे और न ही बातें कर सकते थे। मुझे लगता ही नहीं था कि मेरी शादी हुई थी। उन्होंने मुझे छुआ तक नहीं। हमारे शारिरिक संबंध बहुत दिनों बाद बने। वे मुझे कभी आन तो कभी मिन या टिन कह कर पुकारते थे। उन्होंने मुझसे साफ कह दिया था कि देखो टिन मेरे जीवन में पहले नंबर पर मेरा लेखन है, दूसरे नंबर पर मेरे दोस्त और तीसरे नंबर पर तुम। मैंने कहा ठीक है मैं तीसरे नंबर पर ही ठीक हूं।' अनीता के मन में कहीं यह शंका थी कि राकेश दो शादियां कर चुके थे। उनके साथ उनकी

निभ भी पाएगी या नहीं, इसलिए मोहन राकेश ने अनीता का मन मजबूत करने की जिम्मेदारी मशहूर उपन्यासकार मन्नू भंडारी पर छोड़ी।

मन्नू भंडारी बताती हैं, 'राकेश मुझसे बोले मैं तुम्हें अनीता के पास ले कर जाऊंगा। यह ध्यान रखना कि बात बिगड़े नहीं। मैं जब वहां गई तो दंग रह गई, क्योंकि अनीता तो बिल्कुल बच्ची जैसी थी। अनीता मुझे पकड़ कर बैठ गई और उसने सवालों की झड़ी लगा दी। बताइए, उन्होंने दो-दो शादियां की। क्यों छोड़ा उन्होंने अपनी पत्नियों को?

मन्नू आगे बताती हैं, मैंने उसे बताया कि इन दोनों के व्यक्तित्व बिल्कुल अलग थे। इसलिए उनका साथ अधिक समय तक नहीं रह पाया। अनीता ने पूछा कि अगर मैं राकेश से शादी कर लूं तो कोई गलत बात तो नहीं करूंगी। मैंने कहा शादी का फैसला बहुत निजी होता है। अगर तुम्हारा दिल कहता है तो उनसे शादी कर सकती हो।'

राकेश अनीता को अपने घर ले गए। दरवाजा बंद कर चिटकनी लगाई। उनका दिल तेजी से धड़कने लगा। तभी उन्होंने देखा मेज पर फूलों की दो मालाएं रखी हुई थीं। इस तरह अनीता और राकेश की शादी हुई। तारीख थी 22 जुलाई, 1963। इस शादी के बारे में सिर्फ दो लोगों को पता था। राकेश की मां और उनके सबसे करीबी दोस्त कमलेश्वर को।

अनीता के साथ रहते हुए राकेश को छह साल ही हुए थे कि उन्होंने उनसे कहा, 'अब तू मेरा घर छोड़ कर जाएगी या नहीं? दो साल से ज्यादा मैं किसी औरत के साथ नहीं रहा। पहले मैंने सोचा था कि दो तीन साल बाद तुम चली जाओगी। पर अब तो छह-सात साल हो रहे हैं और तुम्हारे जाने के कोई आसार नहीं नजर आ रहे हैं-यार तूने मेरा रिकॉर्ड खराब कर दिया।'

अनीता ने कभी मोहन राकेश को नहीं छोड़ा, लेकिन यह कहने के तीन साल बाद ही राकेश उन्हें हमेशा के लिए छोड़ कर चले गए। सिर्फ 9 साल का साथ रहा उन दोनों का।

अनीता राकेश इस समय 78 साल की हैं और दिल्ली में रहती

है। वे अपनी किताब 'अंतिम सतरें' में जहां अपने बीते दिनों की यादों में राकेश के साथ की कुछ झड़पें लिखती हैं, वहीं राकेश की माताजी के साथ गुजरे अपने सबसे महत्वपूर्ण और सबसे नम क्षणों को भी याद करती हैं। वे मोहन राकेश के साथ बिताए गए एक-एक क्षण को अभी भी बहुत शिद्दत से याद करती हैं।

मोहन राकेश और अनीता औलक के उम्र के अंतर ने 'ना उम्र की सीमा हो, ना जन्मों का हो बंधन हो' गीतकार इन्दीवर द्वारा रचित गीत चरितार्थ किया, जिसका उस समय के प्रेमियों ने घोर सामाजिक विरोध झेला था, लेकिन लेखकों ने अपने व्यक्तिगत जीवन और अपनी रचनाओं द्वारा इसका द्वार खोला, जिसका प्रभाव आज के समाज में देखा जा सकता है, लेकिन अभी यह शहरों में उच्च्च वर्ग तक ही सीमित है।

मोहन राकेश की रचनाएं-

मोहन राकेश के नाटक एवं एकांकी- आषाढ़ का एक दिन, लहरों के राजहंस, आधे-अधूरे, अंडे के छिलके, दूध और दांत अनूदित नाटक- मृच्छकटिक, शाकुंतल। उपन्यास- अंतराल, अंधेरे बंद कमरे, न आने वाला कल, नीली रोशनी की बातें। कहानी संग्रह- क्वार्टर, पहचान, वारिस। यात्रावृत्त- आखिरी चट्टान तक। निबंध संग्रह- परिवेश, बकलम खुद। जीवनी- संकल्प- समय- सारथी। डायरी- मोहन राकेश की डायरी। संपादन- सारिका (हिंदी मासिक कहानी पत्रिका)

भाषा-शैली

भाषा-प्रयोग में वे सिद्धहस्त थे। उन्होंने विषयानुरूप एवं प्रसंगानुकूल, सरल, सहज, व्यावहारिक, संस्कृतनिष्ठ एवं परिमार्जित खड़ी बोली का प्रयोग किया है। इनकी भाषा में कहीं-कहीं दैनिक जीवन में प्रयुक्त उर्दू एवं अंग्रेजी के शब्दों का प्रयोग भी मिलता है। इनकी भाषा सजीव, रोचक और प्रवाहपूर्ण है। उनकी रचनाओं में प्रमुखतः वर्णनात्मक, विवरणात्मक, भावात्मक तथा चित्रात्मक शैलियों के दर्शन होते हैं। अतिश्रिकत संवाद, नाट्य और विवेचानत्मक आदि शैलियों का प्रयोग भी इनकी रचनाओं में मिलता है।

साहित्यिक योगदान-

डायरी लेखन

राकेश ने अपने साहित्यिक जीवन की शुरुआत डायरी लेखन से की और उसमें रोजमर्रा की आम घटनाओं के अलावा उनके आसपास की जिन्दगी का विवरण भी इतने रोचक बन पड़े हैं कि उनका आस्वादन एक कहानी की तरह भी किया जा सकता है। यहां राकेश अपने स्वभाव के अनुरूप पूरी बेबाकी के साथ उपस्थित होते हैं, यहां तक कि अपनी महिला मित्रों और उनसे प्रेम सम्बन्धों की भी चर्चा उन्होंने काफी खुलकर की है।

नाटककार

मोहन राकेश ने भले ही कई कालजयी कहानियों तथा उपन्यासों का सृजन किया हो, लेकिन नाट्य विधा में उनका जितना मन रमा है, अन्यत्र नहीं। सम्भवतः यही कारण है कि जयशंकर प्रसाद के नाटकों के बाद उनके नाटकों में भारतीय संस्कृति के समस्त आयामों ने स्थान पाया। और भी हैं, जिन्होंने आधुनिक हिन्दी नाटक की विकास-यात्रा में महत्वपूर्ण पड़ाव तय किए, किन्तु उनका लेखन एक अलग ही स्थान पर नजर आता है। उन्होंने हिन्दी नाटक को अंधेरे बन्द कमरों से बाहर निकाला और एक नए दौर के साथ जोड़कर दिखाया।

मोहन राकेश ने'आषाढ़ का एक दिन' के रूप में हिंदी का पहला आधुनिक नाटक लिखा। उनके नाटक भारत के कई निर्देशकों को भाए और कई प्रमुख भारतीय निर्देशकों ने उनके नाटकों का निर्देशन किया।

कहानीकार

मोहन राकेश 'नई कहानी' कथा-आन्दोलन के अग्रदूत कहानीकार माने जाते हैं, जिसका समय 1950-1965 के बीच स्वीकार किया जाता है। 'नन्हीं' उनकी पहली कहानी थी, जो 7 मई 1944 में लिखी गयी, लेकिन 'भिक्षु' उनकी प्रथम प्रकाशित कहानी थी, जो सरस्वती में छपी थी। उनका पहला कहानी संग्रह 'इंसान के खंडहर' 1950 में मात्र 25 वर्ष की उम्र में

प्रकाशित हुआ। पैंसठ-छियासठ कहानियों में फैला राकेश का कहानी-संसार हिंदी कहानी की मूल्यवान धरोहर है।

नई कहानी के कहानीकारों में मोहन राकेश अपनी लेखकीय निष्ठा और सतर्कता के लिए भी जाने जाते हैं। अनीता राकेश ने लिखा है, 'राकेश जी सिर्फ व्यवहार में नहीं, बल्कि अपने लेखन में भी उतने ही ईमानदार थे। उनके कम लिखने के कई कारण थे। सबसे महत्वपूर्ण कारण सेल्फ रिजेक्शन था। 'कहानीकार-उपन्यासकार प्रकाश मनु भी ऐसे ही लोगों में शामिल हैं, जो नयी कहानी के दौर में मोहन राकेश को सर्वोपरि मानते हैं। प्रकाश मनु ने कहा 'नयी कहानी आंदोलन ने हिंदी कहानी की पूरी तस्वीर बदली है।' मोहन राकेश का भारतीय ज्ञानपीठ से बहुत पुराना सम्बन्ध रहा है। उनकी कहानियों की शुरुआती किताब 'नए बादल' का प्रकाशक भारतीय ज्ञानपीठ ही था।

उपन्यासकार

मोहन राकेश के दो उपन्यास- 'अंधेरे बन्द कमरे' और 'न आने वाला कल' हिंदी के उन गिने-चुने उपन्यासों में हैं, जो नगर में रहने वालों के जीवन की त्रासदियों को उनके पूरे मानसिक विरोधों के साथ हमारे सामने प्रस्तुत करता है।

उस दौर में तीन नायक मोहन राकेश, कमलेश्वर और राजेंद्र यादव रहे। इस प्रसिद्ध तिकड़ी का निर्माण करने वाले मोहन राकेश ही थे। कमलेश्वर और राजेंद्र यादव भी राकेश को हमेशा सर्वश्रेष्ठ मानते रहे।

सम्मान और पुरस्कार

उनका नाटक 'आषाढ़ का एक दिन', जो कि वर्ष 1958 में प्रकाशित हुआ था और 1959 में सर्वश्रेष्ठ चुना गया, जिसे वर्ष 1968 में संगीत नाटक अकादमी पुरस्कार से सम्मानित किया गया।

मोहन राकेश जी का निधन

सर्वश्रेष्ठ रचनाकार मोहन राकेश 3 जनवरी 1972 को 47 वर्ष की

अल्पायु में ही दुनिया को अलविदा कह गए। उनका नई दिल्ली में आकस्मिक हृदयाघात से निधन हो गया। अपने अल्पकालीन जीवन में ही उन्होंने हिंदी साहित्य को जो योगदान दिया, वह अविस्मरणीय रहेगा।

कृष्णा सोबती

'अपने बोल्ड लेखन के लिए प्रसिद्ध लेखिका'

प्रसिद्ध लेखिका कृष्णा सोबती जी उन चंद नामों में से एक हैं, जिन्होंने महिलाओं के मुद्दों, उनकी ख्वाहिशों, पहचान और उनके अधिकारों पर लिखने का दुस्साहस किया। उन्होंने जब भी लिखा, बहुत बेबाकी से लिखा। अपनी बेलाग कथात्मक अभिव्यक्ति और सौष्ठवपूर्ण रचनात्मकता से अपने लेखन का सृजन करने वाली सोबती जी हिन्दी की कथा-भाषा को अपनी विलक्षण प्रतिभा से अप्रतिम ताजगी और स्फूर्ति प्रदान करने के लिए जानी जाती हैं।

कृष्णा जी का जन्म

इनका जन्म गुजरात में चेनाब नदी के पास एक छोटे से कस्बे में 18 फरवरी 1925 को हुआ था। भारत के विभाजन के बाद गुजरात का वह हिस्सा पाकिस्तान में चला गया है। उसके बाद वे दिल्ली में आकर बस गयीं और तब से वहीं रहकर इन्होंने सतत साहित्य-सेवा की।

कृष्णा जी का बचपन

कृष्णा जी तीन बहनें और एक भाई थे। इनका बचपन अपने भाई-बहन, पिता पृथ्वीराज सोबती और माता दुर्गा सोबती के साथ बड़े सौहार्दपूर्ण वातावरण में बीता। इनके परिवार में लाड़-प्यार और अनुशासन की कोई कमी नहीं थी। कृष्णा जी को बचपन से ही पुस्तकों से लगाव था। इनके पिताजी फौज में कार्यरत थे, इसलिए उनका अक्सर तबादला होता रहता था। वे जहां भी जाते थे अपने बच्चों के पढ़ने के लिए अच्छी-अच्छी किताबें लेकर आते थे।

कृष्णा जी अपनी 'एक सोहबत' पुस्तक में लिखती हैं, 'जैसे-जैसे हम भाई-बहन बड़े होते गये, रुचि के मुताबिक अपनी-अपनी पसंद की किताबों के नजदीक होते गए।' इससे पता चलता है कि उनका परिवार पुस्तकों में विशेष रुचि रखता था।

कृष्णा जी का व्यक्तित्व

वे पंजाबी सलवार-कुर्ता और सर पर ओढ़नी, जो कभी भी खिसकती नहीं थी और शॉल पहनना पसंद करती थीं। उन्हें रंग-बिरंगे कपड़े भी पहनना पसंद था। वे सीधा-सादा लिबास जो उनको भाता था पहनती थीं। उनका कहना था कि आप वह पहनिए जो आपके मन को भाये। सादे लिबास की तरह उनका खान-पान भी सादा था।

कृष्णा जी की शिक्षा और लेखन कार्य का आरम्भ

उनके पिता जी का फौज में होने के कारण उनका तबादला होता रहता था, इसलिए कृष्णा जी की शिक्षा लाहौर, दिल्ली और शिमला में हुई। कृष्णा सोबती ने पचास के दशक से ही अपना लेखन कार्य प्रारम्भ कर दिया था। इनकी पहली कहानी 'लामा' थी, जो 1950 ई. में प्रकाशित हुई। आठवें दशक के पूर्व से ही इनके लेखन की धूम रही है।

कृष्णा जी की प्रकाशित कृतियां

इनके कुछ कहानी और उपन्यासों का संग्रह इस प्रकार से हैं-

कहानी संग्रह

बादलों के घेरे-24 कहानियों का संग्रह (1980)

लम्बी कहानी (आख्यायिका/उपन्यासिका) -

डार से बिछुड़ी -1958

मित्रो मरजानी -1967

यारों के यार -1968

तिन पहाड़ -1968

ऐ लड़की –1991

जैनी मेहरबान सिंह –2007 (चल-चित्रीय पटकथाय 'मित्रो मरजानी' की रचना के बाद ही रचित, परन्तु चार दशक बाद 2007 में प्रकाशित)

उपन्यास

सूरजमुखी अंधेरे के –1972

जिन्दगीनामा –1979

दिलोदानिश –1993

समय सरगम –2000

गुजरात पाकिस्तान से गुजरात हिंदुस्तान –2017 (निजी जीवन को स्पर्श करती औपन्यासिक रचना)

विचार-संवाद-संस्मरण

हम हशमत (तीन भागों में)

सोबती एक सोहबत

शब्दों के आलोक में

सोबती वैद संवाद

मुक्तिबोध : एक व्यक्तित्व सही की तलाश में –2017

लेखक का जनतंत्र –2018

मार्फत दिल्ली –2018

यात्रा–आख्यान–

बुद्ध का कमण्डल : लद्दाख

कृष्णा जी का साहित्यिक कार्यक्षेत्र

कृष्णा सोबती का सबसे ताजा उपन्यास 'गुजरात पाकिस्तान से गुजरात हिंदुस्तान तक' लगभग नब्बे साल की उम्र में आत्मकथात्मक रचना के तौर पर आया, जो उम्र के इस पड़ाव पर भी उनकी अदम्य लेखकीय जिजीविषा को उजागर करने के लिए काफी था। लेखक संजीव कुमार ने कहा,

'90 वर्ष की उम्र के बाद भी उनकी 6 किताबें प्रकाशित हुईं। इससे यह पता लगता है कि वे दिमागी तौर पर कितनी सजग और रचनात्मक थीं। पिछले चार-पांच वर्षों में उन्होंने असहिष्णुता के खिलाफ लगातार बयान दिए और सभाओं में भी गयीं।'

उन्होंने सिद्ध कर दिया कि यदि इंसान चाहे तो किसी भी उम्र में कुछ भी सृजन कर सकता है। जो बुढ़ापे का रोना रोकर अपने को असहाय और असमर्थ दिखा कर सहानुभूति चाहते हैं, यह उन लोगों के लिए एक उदाहरण है।

ये मुख्यतः कहानी लेखिका थीं। इनकी 24 कहानियां 'बादलों के घेरे' नामक संग्रह में संकलित हैं। कहानियों के अतिरिक्त इन्होंने आख्यायिका (फिक्शन) की एक विशिष्ट शैली के रूप में विशेष प्रकार की लंबी कहानियों का सृजन किया है, जो औपन्यासिक प्रभाव उत्पन्न करती हैं। ऐ लड़की, डार से बिछुड़ी, यारों के यार, तिन पहाड़ जैसी कथाकृतियां अपने इस विशिष्ट आकार प्रकार के कारण उपन्यास के रूप में भी प्रकाशित हैं।

कृष्णा जी ने 'हम हशमत' पुरुष छद्मनाम से भी लिखा, जो सिर्फ एक उपनाम की तरह से ग्रहण नहीं किया गया, बल्कि वह अपने आप में एक सम्पूर्ण व्यक्तित्व है। कृष्णा जी ने स्वयं कहा है कि जब वे 'हशमत' के रूप में लिखती हैं, तो न सिर्फ उनकी भाषा और शब्द -चयन अलग हो जाते हैं। उनका हस्तलेख तक कुछ और हो जाता है। 'हशमत' का विषय उनके समकालीनों, साथी लेखकों के अलावा गोष्ठियों, पार्टियों में हुए अनुभव और सम-सामयिक मुद्दों पर उनकी प्रतिक्रियाएं होती हैं। यह उनके समकालीनों को लेकर उनके जीवन अनुभवों का वर्णन, एक तरह से डॉक्यूमेंटेशन था।

कृष्णा सोबती इन अर्थों में कुरर्तुल ऐन हैदर, इस्मत चुगताई और अमृता प्रीतम जैसी अपनी अग्रणी लेखिकाओं से अलग थीं। इनकी रचनाओं में एक विशिष्ट संवेदना, मुहावरे और स्थानीय वातावरण की खुशबू जहां उद्वेलित करती वहीं विचलित और रोमांचित भी करती।

'सिक्का बदल गया', 'बदली बरस गई' जैसी कहानियां भी तेजी-तुर्शी

में पीछे नहीं। उनकी हिम्मत की दाद देने वालों में अंग्रेजी की अश्लीलता के स्पर्श से उत्तेजित सामान्यजन पत्रकारिता एवं मांसलता से प्रतप्त त्वरित लेखन के आचार्य खुशवंत सिंह तक ने सराहा है। पंजाबी कथाकार मूलस्थानों की परिस्थितियों के कारण संस्कारतः मुस्लिम अभिभूत रहे हैं। दूसरे, हिन्दू-निन्दा नेहरू से अर्जुन सिंह तक बड़े-छोटे नेताओं को प्रभावित करने में भी समर्थ रही हैं।

नामवर सिंह ने, कृष्णा सोबती के उपन्यास 'डार से बिछुड़ी' और 'मित्रो मरजानी' का उल्लेख मात्र किया है और सोबती को उन उपन्यासकारों की पंक्ति में गिनाया है, जिनकी रचनाओं में कहीं वैयक्तिक तो कहीं पारिवारिक-सामाजिक विषमताओं का प्रखर विरोध मिलता है। इन सभी के बावजूद ऐसे समीक्षकों की भी कमी नहीं है, जिन्होंने 'जिन्दगीनामा' की पर्याप्त प्रशंसा की है।

डॉ. देवराज उपाध्याय के अनुसार-'यदि किसी को पंजाब प्रदेश की संस्कृति, रहन-सहन, चाल-ढाल, रीति-रिवाज की जानकारी प्राप्त करनी हो, इतिहास की बात जाननी हो, वहां की दन्त कथाओं, प्रचलित लोकोक्तियों तथा 18 वीं, 19 वीं शताब्दी की प्रवृत्तियों से अवगत होने की इच्छा हो, तो 'जिन्दगीनामा' से अन्यत्र जाने की जरूरत नहीं।'

कृष्णा जी की आत्मकथा

साल 2017 में 92 वर्ष की उम्र में उनकी 'गुजरात पाकिस्तान से गुजरात हिंदुस्तान तक' रचना प्रकाशित हुई। जिसमें उन्होंने अपने बचपन की यादों और विभाजन के बाद अपने घर को छोड़ दिल्ली आकर बसने के दर्द को बयान किया है। बंटवारे की तड़प और कुछ न कर पाने की टीस, इससे पहले भी सोबती की रचनाओं में झलकी है।

कृष्णा जी का भारत-पाकिस्तान विभाजन का दर्द

'गुजरात पाकिस्तान से गुजरात हिंदुस्तान तक' में सोबती ने विभाजन की यातना और जमीन से अलग होने की त्रासदियों के बीच अपने युवा दिनों के संघर्ष को भी याद किया और औपन्यासिक लहजे में तत्कालीन राजनीतिक हालात, रियासतों के विलय से जुड़ी उठापटक और उधेड़बुन, रियासतों के

आंतरिक संघर्ष और दिल्ली की नई सरकार की पेचीदगियों की दास्तान बड़े ही रोचक ढंग से लिखी। खास बात यह कि इस उपन्यास में उन्होंने उस दौर को जीवंत किया था, जब महात्मा गांधी एक व्यक्ति और विचार के रूप में भारतीय कथा साहित्य के परिदृश्य पर छाने लगे थे।

इस उपन्यास में उन्होंने 10 अगस्त, 1946 के 'डायरेक्ट एक्शन डे' और उसके बाद की घटनाओं को फिर से याद किया, जिसमें लाहौर से लेकर बिहार और बंगाल तक मुसलमानों और हिंदुओं ने एकदूसरे के खिलाफ हिंसा की, दूसरे धर्म के लोगों की हत्या की, एक दूसरे के घर जलाए और धर्म विशेष की महिलाओं का बलात्कार किया। कृष्णा सोबती ने यही रचा कि उस दौर में महिलाओं की देह अलग-अलग देशों के पुरुषों की दंभ और तुच्छ वीरता का शिकार हो गई। उनका 'गुजरात पाकिस्तान से गुजरात हिंदुस्तान तक' अगर उनकी कहानी 'और सिक्का बदल गया' से मिलाकर पढ़ा जाए तो समझ में आ जाता है कि वह वाकई क्या कहना चाहती थीं।

जब मैथिलीशरण गुप्त, मुंशी प्रेमचंद, सूर्यकांत त्रिपाठी निराला, सुमित्रानंदन पंत और नागार्जुन जैसे रचनाकार अपनी रचनाओं में गांधी के व्यक्तित्व और उनके विचार से दो-चार हो रहे थे और आजादी के ठीक बाद इन विषयों पर काफी कुछ लिखा जा चुका था। फणीश्वरनाथ रेणु का उपन्यास 'मैला आंचल' से लेकर यशपाल का 'झूठा सच', भीष्म साहनी का 'तमस', राही मासूम रजा का 'आधा गांव' पाकिस्तान के सवाल और उससे उपजी हिंसा को उजागर कर चुका था। ऐसे में कृष्णा सोबती ने एक बार फिर से 'गुजरात पाकिस्तान से गुजरात हिंदुस्तान तक' के बहाने उसी दौर को फिर उजागर किया था।

कृष्णा जी का साहित्यिक परिचय

पाकिस्तान वाले गुजरात में चिनाब नदी के किनारे छोटे से पहाड़ी कस्बे से उन्होंने एक बार लिखना क्या शुरू किया, वे साहित्य के आकाश पर छाती चली गईं।

साहित्य रचना में इन्होंनें एक स्वत्रंत और मूल समस्याओं को उजागर

करने का प्रयत्न किया। अपनी रचनाओं के माध्यम से नारी-अत्याचार और समाज से जुड़ी अन्य मूल समस्याओं का उल्लेख इन्होंने किया है !

कृष्णा जी का नाम अक्सर उन लेखक-लेखिकाओं की फेहरिस्त में शामिल हुआ, जिन्होंने देश के विभाजन, धर्म-जाति और खासकर, स्त्री के अधिकारों के मुद्दों पर अपनी लेखनी चलाई, जिनसे नारी की आवाज मुखर हुई। बंटवारे का दर्द उभरा और हिंदी साहित्य समृद्ध हुआ। उनके भाषा संस्कार के घनत्व, जीवन्त प्रांजलता और संप्रेषण ने हमारे समय के कई पेचीदा सत्य उजागर किये हैं।

उनके लिए कहा जाता है कि उन्होंने समय और समाज को केंद्र में रखकर अपनी रचनाओं में एक युग को जिया है। बहुत बार उनकी रचनाएं हमारे दोगले और स्वार्थी समाज की नींव को हिलाती हुई नजर आती हैं।

'जिंदगीनामा' 1979 में छपे उपन्यास को सर्वश्रेष्ठ माना जाता है, 391 पृष्ठ के सबसे बड़े उपन्यास में पंजाब की संस्कृति के बारे में लिखा है। इसमें मुख्य रूप से विभाजन पूर्व पंजाब के शांत, सद्भावपूर्ण जीवन को चित्रित किया गया है।

कृष्णा सोबती की एक लघु कथा- 'सिक्का बदल गया' भारत के बंटवारे की पृष्ठभूमि पर बुनी गयी, यह कहानी बहुत ही मार्मिक रूप से एक औरत के दर्द को झलकाती है, जिसे अपना घर-जमीन और अपने लोग, सब कुछ छोड़कर सिर्फ अपने स्वाभिमान के साथ दहलीज के इस ओर आना है। सोबती जी ने बहुत ही प्रभावी तरीके से एक बूढ़ी औरत के जज़्बातों और दिल के गुबार को शब्दों में उतारा है, जिसे अपनी पूरी जिंदगी और जिंदगी भर की कमाई पीछे छोड़ कर एक नई कर्मभूमि बनानी है।

कृष्णा जी पाठकों की कथाकार

कृष्णा जी अपनी संयमित अभिव्यक्ति और सुथरी रचनात्मकता से अपने पात्रों और उनके इर्दगिर्द के माहोल को इस कदर जीवंत बना देती थीं कि पाठक उसी युग में पहुंच कर निज के प्रति सचेत और समाज के प्रति चैतन्य हो जाता है।

'बादलों के घेरे', 'डार से बिछुड़ी', 'तिन पहाड़' एवं 'मित्रो मरजानी' कहानी संग्रहों में कृष्णा सोबती ने नारी को अश्लीलता की कुंठित, राष्ट्र को अभिभूत कर सकने में सक्षम, अपसंस्कृति के बल- संबल के साथ ऐसा उभारा है कि साधारण पाठक हतप्रभ रह जाता है।

उनकी लंबी कहानी 'मित्रो मरजानी' के प्रकाशन के साथ कृष्णा सोबती पर हिंदी कथा-साहित्य के पाठक फिदा हो उठे थे। ऐसा इसलिए नहीं हुआ था कि वे साहित्य और देह के वर्जित देश की यात्रा की ओर निकल पड़ी थीं, बल्कि उनकी महिलाएं ऐसी थीं जो कस्बों और शहरों में दिख तो रही थीं, लेकिन जिनका नाम लेने से लोग डरते थे। यह मजबूत और प्यार करने वाली महिलाएं थीं, जिनसे आजादी के बाद के भारत में एक खास किस्म की नेहरूवियन नैतिकता से घिरे पढ़े-लिखे लोगों को डर लगता था। कृष्णा जी का कथा-साहित्य उन्हें इस भय से मुक्त करता था।

वास्तव में कथाकार अपने विषय और उससे बर्ताव में न केवल अपने आपको मुक्त करता है, बल्कि वह पाठकों की मुक्ति का भी कारण बनता है। उन्हें पढ़कर हिंदी का वह पाठक जिसने किसी हिंदी विभाग में पढ़ाई नहीं की थी, लेकिन अपने चारों तरफ हो रहे बदलावों को समझना चाहता था। वह चाहता था कि वह सभी कुछ कह दे, जो 'बादलों के घेरे में' कहानी का नैरेटर मन्नू से कहना चाहता था।

अपने मन में बस रही एक समानांतर दुनिया से मुक्ति के लिए कृष्णा सोबती की कहानियां मन में धंस जाती थीं। इनकी समस्त रचनाओं में सामाजिक और नैतिक बहसों की जो फिजा मिलती है, वह पाठकों के दिलों पर छा जाने वाली हैं!

कृष्णा जी का स्त्री-विमर्श

अपनी रचनाओं के माध्यम से कृष्णा सोबती ने नारी के ऊपर होने वाले विभिन्न प्रकार के अत्याचारों को उजागर किया। उनकी विभिन्न समस्याओं के साथ उन्हें प्राप्त होने वाले सामाजिक अश्लीलता का बखूबी वर्णन किया।

कृष्णा सोबती स्त्री के जीवन और विडंबना को रेखांकित करने वाली

लेखिका रहीं, इसके बावजूद उन्होंने कभी स्त्रीवादी होने का दंभ नहीं भरा। वह कहती थीं, 'लेखन भला स्त्री या पुरुष कैसे हो सकता है? स्त्री लेखन, पुरुष लेखन कोई अलग-अलग चीज नहीं है।'

अपने एक इंटरव्यू का किस्सा वे अक्सर बताती थीं कि किसी ने उनसे पूछा कि औरत होना क्या होता है ? तो उनका जवाब था, 'औरत होने का अर्थ यह है कि उन्हें भी संविधान में पुरुषों जैसे ही अधिकार प्राप्त हैं।' स्त्री और पुरुष उनकी निगाह में बराबर थे, उन्होंने अपनी रचनाओं में हमेशा सच को उजागर किया।

कृष्णा जी स्त्री की यौन-इच्छाओं की समर्थक

कृष्णा सोबती हिंदी लेखन में निर्मल वर्मा और कृष्ण बलदैव वैद की समकालीन थीं। उनके पात्र काफी बोल्ड थे। यह उनका लेखकीय बिंदासपन ही था कि साठ के दशक में उनके उपन्यास 'मित्रो मरजानी' में संयुक्त परिवार में ब्याही उनकी नायिका अपनी यौनिकता का पुरजोर और खुलेआम इजहार करती है और अपनी यौन इच्छाओं को तृप्त न कर पाने के लिए अपने पति को फटकार देने से भी गुरेज नहीं करती। इस उपन्यास से हिंदी जगत में उस समय तहलका मच गया था। सोबती को उनके 1966 के इस उपन्यास 'मित्रो मरजानी' से बहुत लोकप्रियता मिली, जिसमें एक विवाहित महिला की कामुकता के बारे में बात की गई थी।

महात्मा गांधी अंतरराष्ट्रीय हिंदी विश्वविद्यालय, वर्धा में पढ़ाई कर रहे 'अंकेशमद्र्धेशिया' कहते हैं, 'उन की नायिकाएं अपने प्रेम और अपने शरीर की जरूरतों के प्रति किसी भी तरह के संकोच या अपराधबोध में पड़ने वाली नहीं थीं। आज तो यौन जीवन के अनुभवों पर बहुत सी कहानियां लिखी जा रही हैं, पर आज से चार-पांच दशक पहले इस तरह का लेखन बहुत ही साहसिक कदम था।'

प्रसिद्ध लेखिका मृदुला गर्ग ने इस विषय की शुरुआत मात्र की और इन्होंने इस पर पूरी तरह से मुहर लगा दी।

कृष्णा जी ने असहिष्णुता के खिलाफ आवाज उठायी

वह अपने समूचे जीवनकाल में समकालीन समय की सच्चाइयों को कहने वाली सूत्रधार रहीं। लेखन से इतर सामाजिक जीवन में भी कृष्णा सोबती काफी सक्रिय और मुखर रहीं। 90 पार की उम्र में अस्वस्थता के बावजूद 2015 में उन्होंने हिंदी साहित्यिक बिरादरी की ओर से असहिष्णुता के खिलाफ आवाज उठायी थी और धार्मिक कट्टरपंथ और हिंसा का कड़े शब्दों में विरोध करते हुए अपना 'साहित्य अकादमी' अवार्ड वापस कर दिया था। कृष्णा सोबती के लिए लेखक की पहचान एक साधारण नागरिक का बस थोड़ा-सा विशेष हो जाना था, पर वह थोड़ा-सा नहीं, हिंदी साहित्य जगत के लिए काफी विशेष थीं।

कृष्णा जी का साहित्यिक विवाद

इनकी कहानियों को लेकर काफी विवाद हुआ। विवाद का कारण इनकी मांसलता है। उनकी लिखी कुछ रचनाएं, जैसे कि 'मित्रो मरजानी,' 'सूरजमुखी अंधेरे के,' 'डार से बिछुड़ी' आदि स्त्रियों के बारे में निडर होकर बातें करती हैं।

एक स्त्री का बेपरवाही से स्त्रियों की यौन ख्वाहिशों और उनकी पहचान के बारे में बात करना, हमारे समाज को नागवार गुजरा। ऐसा साहसी लेखन करना सभी लेखिकाओं के लिए सम्भव नहीं है। अपनी रचनाओं के माध्यम से कृष्णा सोबती ने नारी के ऊपर होने वाले विभिन्न प्रकार के अत्याचारों को उजागर किया। इसके चलते वह सामाजिक और नैतिक बहसों को हवा देने में सक्षम थीं।

डॉ. रामप्रसाद मिश्र ने कृष्णा सोबती की चर्चा करते हुए दो टूक शब्दों में लिखा है, 'उनके 'जिन्दगीनामा' जैसे उपन्यास और 'मित्रो मरजानी' जैसे कहानी संग्रहों में मांसलता को भारी उभार दिया गया है। उनके उपन्यास मित्रो मरजानी को हिंदी साहित्य में महिला मन के अनुसार लिखी गई बोल्ड रचनाओं में गिना जाता है। केशव प्रसाद मिश्र जैसे आधे-अधूरे सैक्सी कहानीकार भी कोसों पीछे छूट गए। बात यह है कि साधारण शरीर की 'अकेली' कृष्णा सोबती हों या नाम निहाल दुकेली मन्नू भंडारी या प्रायः वैसे

ही कमलेश्वर अपने से अपने कृतित्व को बचा नहीं पाए। कृष्णा सोबती की जीवनगत यौनकुंठा उनके पात्रों पर छाई रहती है।'

कृष्णा जी बोल्ड लेखिका मानी जाती हैं, लेकिन उन्हें इस शब्द से थोड़ा ऐतराज था। उनका कहना था, 'जो बातें पुरानी परम्परा को उघाड़ना चाहती हैं, वह साधारण कामों से अलग होता है। उस सन्दर्भ में मुझे मेरी रचनाएं बोल्ड नहीं लगतीं। हां उसको स्वीकृति मिलने में थोड़ा समय लगा है, लेकिन मुझे लगता है, एक खास ढंग से पाठक उससे सहमत होता गया।' रुढ़ियों को मानना उन्हें कभी अच्छा नहीं लगा। वे कभी भी अपने निर्णय से विचलित नहीं होती थीं।

हिन्दुस्तान टाइम्स में प्रकाशित होते समय इनकी पुस्तक 'मित्रो मरजानी' को अश्लील कहकर इसका घोर विरोध हुआ, लेकिन कृष्णा जी इस बात से सहमत नहीं हुईं और इन विरोधों से डरकर उनकी कलम कभी नहीं रुकी।

कृष्णा सोबती 2015 में एक बार फिर चर्चा में आईं। जब उन्होंने देश में असहिष्णुता के माहौल से नाराज होकर 'साहित्य अकादमी' पुरस्कार वापस कर दिया था।

सम्मान एवं पुरस्कार

अपने उपन्यास 'जिंदगीनामा' के लिए 'साहित्य अकादमी पुरस्कार' पाने वाली वे पहली महिला हिंदी लेखिका थीं। 'जिंदगीनामा' को हिंदी साहित्य की कालजयी रचनाओं में से माना जाता है। सोबती को अपने इस उपन्यास के लिए 1980 में साहित्य अकादमी पुरस्कार और पंजाब सरकार का 'साहित्य शिरोमणि' पुरस्कार मिला।

साल 1996 में साहित्य अकादमी की महत्तर सदस्यता, जो कि अकादमी का सर्वश्रेष्ठ सम्मान है, समेत कई राष्ट्रीय पुरस्कारों और अलंकरणों से शोभित कृष्णा सोबती को हिंदी अकादमी, दिल्ली की ओर से वर्ष 2000-2001 के शलाका सम्मान से सम्मानित किया गया था। उन्हें पद्‌म भूषण की भी पेशकश की गई थी, लेकिन उसे उन्होंने ठुकरा दिया था।

ज्ञानपीठ के निदेशक लीलाधर मंडलोई ने बताया कि प्रो. नामवर सिंह की अध्यक्षता में हुई प्रवर परिषद की बैठक में वर्ष 2017 का 53वां ज्ञानपीठ पुरस्कार हिंदी साहित्य की सशक्त हस्ताक्षर कृष्णा सोबती को देने का निर्णय किया गया। यह पुरस्कार साहित्य के क्षेत्र में उनके उत्कृष्ट कार्य के लिए प्रदान किया गया। उन्होंने बताया कि पुरस्कार स्वरूप कृष्णा सोबती को 11 लाख रूपये, प्रशस्ति पत्र और वाग्देवी की कांस्य प्रतिमा प्रदान की गई।

उनकी लेखकीय प्रतिष्ठा का आलम यह था कि जब उन्हें वर्ष 2017 का 53वां ज्ञानपीठ पुरस्कार प्रदान करने की घोषणा हुई तो बहुत से प्रसिद्ध लेखकों और साहित्य-प्रेमियों ने कहा कि ज्ञानपीठ समिति ने अपनी भूल सुधार करके अपनी इज्जत बचा ली है। पिछले एक दशक से वे इस सम्मान की हकदार मानी जा रही थीं।

साहित्यिक गलियारों में चलने वाली सियासत के चलते उन्हें यह सम्मान बहुत देर से मिला था। यह पुरस्कार कृष्णा जी को बहुत पहले ही मिल जाना चाहिए था। ऐसे में साहित्य जगत ने दर्जनों जूनियर लेखकों के बाद सोबती को ज्ञानपीठ पुरस्कार मिलने को पुरस्कार दाताओं की फेस शेविंग एक्सरसाइज करार दिया था। वाकई कृष्णा इस सम्मान से बहुत ऊपर थीं।

कृष्णा जी का निधन

इस महान हिंदी कथाकार ने 94 वर्ष की उम्र में 25 जनवरी 2019 को एक लम्बी बीमारी के बाद सुबह साढ़े आठ बजे एक निजी अस्पताल में इस दुनिया से विदा ली। इसके पहले के कुछ महीनों से उनकी तबीयत खराब चल रही थी और अक्सर अस्पताल उन्हें आना-जाना पड़ता था। उन्होंने अस्पताल में ही अपनी नई किताब लॉन्च की थी।

अपने खराब स्वास्थ्य के बावजूद वह हमेशा कला, रचनात्मक प्रक्रियाओं और जीवन पर चर्चा करती रहती थीं। वे अपने पीछे छोड़ गयीं अपनी उम्रभर की विरासत, ऐसी विरासत जिसका ना तो कोई मोल है और ना ही शायद कोई इस विरासत की बराबरी कर सकता है। कृष्णा जी को साहित्य-जगत की करबद्ध श्रद्धांजलि!

डॉ. धर्मवीर भारती

'ख्यातिलब्ध साहित्यकार और संपादक'

डॉ. धर्मवीर भारती ने धर्मयुग पत्रिका के प्रधान-संपादक के तौर पर अद्भुत कार्य किया और संपादक के रूप में तो वे अपने जैसे अकेले माने जा सकते हैं। इसके अतिरिक्त वे कवि, सिद्धहस्त उपन्यासकार और ख्यातिलब्ध साहित्यकार भी थे।

कुछ लोग सब कुछ करके भी किसी एक विधा में सिद्धहस्त नहीं हो पाते तो कोई-कोई सिर्फ एक ही रचना से नाम कमा लेते हैं। पर वे लोग विरले होते हैं, जिनका सब कुछ उत्कृष्ट हो, हरकृति नई बुलंदियों को छूकर आए। डॉ. भारती का नाम ऐसे ही लोगों में शामिल है। जहां से भी देखो उनके साहित्यिक कद की ऊंचाई एक समान ही दिखती है।

डॉ. भारती का जन्म और बचपन

डॉ. भारती का जन्म 25 दिसंबर 1926 को इलाहाबाद के 'अतरसुइया' नामक मोहल्ले में हुआ था। उनके पिता श्री चिरंजीवलाल वर्मा और माता श्रीमती चंदादेवी बड़े लाड़ प्यार से अपने दोनों बच्चों धर्मवीर और उनकी छोटी बहन वीरबाला का पालन कर रहे थे।

भयंकर गरीबी के दुर्दिन

भारतीजी के शब्दों में 'पिता कुछ ठेकेदारों वगैरह के लिए नक्शे-वक्शे बनाने का काम करते रहते पर उससे पूरा नहीं पड़ता था। मां के बचे-खुचे गहने वगैरह बेचकर, कुछ कर्ज वगैरह लेकर उन्होंने दो मकान और बनवाये कि ये कुछ काम आएंगे। उसी बीच में मां सख्त बीमार पड़ गयी और दो साल तक बीमार रही। बीमारी की फिक्र और कर्ज की फ्रिक ने पिता को

मन और शरीर से तोड़ दिया, पिता सख्त बीमार पड़े और नवम्बर 1939 में उनकी मृत्यु हो गयी। तब मैं 13 वर्ष का था और 8वीं या 9वें दर्जे में था।

उनके मूल्य, उनकी प्रखरता, उनकी उदार दृष्टि, उनकी देश-भक्ति, उनकी समझौता-विहीन ईमानदारी मेरा आदर्श बन गयी थी। उन भयानक दिनों में हमारे दूर के रिश्ते के मामा श्री अभयकृष्ण चौधरी ने हमारी बहुत सहायता की। कर्ज उतारने और गुजर-बसर करने के लिए मां छोटी बहन को लेकर गुरुकुल में नौकरी करने चली गयीं और मैं मामा के पास रहा। मामी ने मां से बढ़कर स्नेह दिया और मामा ने संरक्षक और अमिट ममता दी और मैं खूब पढ़ूं-लिखूं और कुछ बड़ा काम करूं -इसकी प्रेरणा वे बराबर मन में भरते रहे।'

बाल्यावस्था में ही पिता की मृत्यु और उससे उत्पन्न आर्थिक संकट, इन सबने उन्हें अतिसंवेदनशील और तर्कशील बना दिया।

शिक्षा

डॉ. भारती की स्कूली शिक्षा डी ए वी हाई स्कूल में हुई, इन्हीं दिनों उनमें पाठ्य पुस्तकों के अलावा कविता पुस्तकें तथा अंग्रेजी उपन्यास पढ़ने का बेहद शौक जागा।

वे इंटरमीडियेट में पढ़ रहे थे कि गांधी जी के आह्वान पर पढ़ाई छोड़ दी और आजादी की लड़ाई में कूद पड़े। सुभाष के प्रशंसक थे, बचपन से ही शस्त्रों के प्रति आकर्षण भी जाग उठा था, सो हर समय हथियार साथ में लेकर चलने लगे और 'सशस्त्र क्रांतिकारी दल' में शामिल होने के सपने मन में संजोने लगे, पर अंततः मामा जी के समझाने बुझाने के बाद एक वर्ष का नुकसान करने के बाद, इलाहाबाद विश्वविद्यालय में स्नातक की पढ़ाई के लिए दाखिला लिया।

कोर्स की पढ़ाई के साथ साथ उन्हीं दिनों उन्होंने पश्चिमी तथा फ्रांसीसी, जर्मन और स्पेन के कवियों के अंग्रेजी अनुवाद भी पढ़े, एमिल जोला, शरदचंद्र, गोर्की, क्युप्रिन, बालजाक, चार्ल्स डिकेन्स, विक्टर हयूगो, दॉस्तोयव्स्की और तॉल्सतोय के उपन्यास खूब डूब कर पढ़े।

सन 1945 में उन्हें स्नातक में हिन्दी में सर्वाधिक अंक मिलने पर प्रख्यात 'चिंतामणि गोल्ड मैडल' मिला।

सन 1947 में उन्होंने हिंदी में स्नातकोत्तर की परीक्षा प्रथम श्रेणी में पास की।

1954 में स्नातकोत्तर की पढ़ाई करते समय 'मार्क्सवाद' का उन्होंने धुंआधार अध्ययन किया। उनकी पढ़ाई ट्युशनों के सहारे चल रही थी।

शोध कार्य

1956 में डॉ. धीरेन्द्र वर्मा के निर्देशन में सिद्ध साहित्य पर शोध-प्रबंध लिखकर उन्होंने इलाहाबाद विश्वविद्यालय से पीएचडी की।

शोधकार्य पूरा करने के बाद वहीं विश्वविद्यालय में हिन्दी के प्राध्यापक के रूप में नियुक्ति हो गई। देखते ही देखते बहुत लोकप्रिय अध्यापक के रूप में उनकी प्रशंसा होने लगी।

साहित्यिक कार्यक्षेत्र

1948 में 'संगम' सम्पादक श्री इलाचंद्र जोशी के सहकारी संपादक नियुक्त हुए।

प्रयाग विश्वविद्यालय में अध्यापन के दौरान 'हिंदी साहित्य कोश' के सम्पादन में सहयोग दिया।

'निकष' पत्रिका निकाली तथा 'आलोचना' का सम्पादन भी किया। उसके बाद 'धर्मयुग' में प्रधान सम्पादक पद पर बम्बई आ गये। 'धर्मयुग' में प्रधान संपादक रहने के दौरान डॉ. भारती ने 1971 के भारत पाकिस्तान युद्ध की रिपोर्ताज भी की।

विवाह

1954 में श्रीमती कौशल्या अश्क द्वारा सुझाई गई एक पंजाबी शरणार्थी लड़की 'कांता कोहली' से विवाह हो गया। संस्कारों के तीव्र वैषम्य के कारण वह विवाह असफल रहा। बाद में संबंध विच्छेद हो गया।

1960 में धर्मयुग के संपादन के लिए बम्बई चले आये थे। इस दौरान

एक अत्यंत शिक्षित और संभ्रांत परिवार में जन्मी, इलाहाबाद विश्वविद्यालय की शोध छात्रा, 'पुष्पलता शर्मा' से उन्होंने विवाह किया, जो बाद में पुष्पा भारती के नाम से प्रख्यात हुईं। उन्होंने उन्हें बहुत सुख, सन्तोष और शान्ति दी। केवल जीवन में नहीं वरन् विचारों और साहित्य-चिन्तन के क्षेत्र में भी उनका एक सार्थक, गहरा, प्रेरणाप्रद साथ मिला।

'धर्मयुग' के साथ गुजरे लम्हे

टाइम्स ऑफ इंडिया समूह की ओर से उन्हें धर्मयुग के प्रधान संपादक का पद स्वीकार करने का प्रस्ताव मिला, लेकिन समूह के एक सदस्य ने यह शर्त रखी कि डॉ. भारती संपादक बने रहने के दौरान निजी लेखन नहीं कर सकेंगे। इस पर डॉ. भारती ने पेशकश साफ तौर पर ठुकरा दी। डॉ. भारती मानते थे कि किसी भी लेखक को उसके निजी रचनात्मक लेखन से दूर नहीं रखा जाना चाहिए। बाद में जब समूह की ओर से आश्वासन दिलाया गया कि उन पर कोई बंधन नहीं होगा, तब वह संपादक बनने को राजी हुए।

'डॉ. भारती ने 'धर्मयुग' के मामले में यह भी साफ कर दिया था कि वह यह आश्वासन नहीं दे सकते कि साहित्यिक पत्रिका में वह जो बदलाव लाएंगे, वह पाठकों को स्वीकार होगा। उन्होंने कहा कि हो सकता है कि पत्रिका की पाठक संख्या कम हो जाए। असल में ऐसा हुआ भी, लेकिन बाद में पत्रिका काफी लोकप्रिय हुई।'

धर्मयुग के संपादन में साहित्यिक लेखन से इतर अपने देश के लिये बहुत कुछ बड़े काम किये जा सकते हैं, यह समझ में आने लगा तो विश्वविद्यालय की नौकरी से त्यागपत्र देकर पूरे समर्पण के साथ संपादन में ध्यान केंद्रित किया।

आज के पत्रकारिता के विद्यार्थी उनकी शैली को 'धर्मवीर भारती स्कूल ऑफ जर्नलिज़्म' के नाम से जानते हैं। वह पत्रकारिता की कसौटी बन गया है। सांस्कृतिक, सामाजिक, आर्थिक, वैज्ञानिक, खेलकूद, साहित्यिक सभी पक्षों को समेटते हुए राष्ट्रीय और अंतर्राष्ट्रीय विषयों पर हर अंक में सामग्री

दी जाती थी। बच्चों और महिलाओं के लिये भी रोचक और ज्ञानप्रद सामग्री 'धर्मयुग' की अतिरिक्त विशेषता थी। उच्चतम स्तर का निर्वाह करते हुए, असाधारण लोकप्रियता के साथ लाखों की संख्या में सर्वाधिक बिक्री के आंकड़े किसी चमत्कार से कम नहीं थे।

डॉ. भारती को पढ़ने का बेहद शौक था

डॉ. भारती मुफलिसी के दौर में किताबी खजाने ढूंढते रहते थे। स्कूल ख़त्म होते ही घर में बस्ता पटक कर वाचनालय में भाग जाते, वहां देर शाम तक किताबें पढ़ते रहते।

उनकी पत्नी पुष्पा भारती के अनुसार, 'डॉ. भारती कितना पढ़ते थे, इसे शब्दों में बयान नहीं किया जा सकता। उन्होंने काफी कम उम्र में बहुत कुछ पढ़ लिया था। उनकी आदत स्कूल से सीधे पुस्तकालय जाने की थी। डॉ. भारती का बचपन गरीबी में बीता था। मुफलिसी इतनी थी कि वे किसी पुस्तकालय का सदस्य नहीं बन सकते थे। लेकिन उनकी लगन देखकर इलाहाबाद के एक लाइब्रेरियन ने उन्हें अपने विश्वास पर पुस्तकें पांच दिन के लिए देना शुरू कर दीं। इसके बाद तो उन्हें जैसे किताबी खजाना ही मिल गया।'

उन्हें जीवन में दो ही शौक थेः अध्ययन और यात्रा। भारती के साहित्य में उनके विशद अध्ययन और यात्रा-अनुभवों का प्रभाव स्पष्ट देखा जा सकता है। भारती को फूलों का बेहद शौक था। उनके साहित्य में भी फूलों से संबंधित बिंब प्रचुरमात्रा में मिलते हैं।

डॉ. भारती का लेखन किससे प्रभावित था

पहले-पहल तो उन्होंने अंग्रेजी के नामी लेखकों के अनुवाद और फिर उनकी मूलकृतियां पढ़ीं, लेकिन बाद में उनकी दिलचस्पी रामायण, महाभारत, श्रीमद्भगवत गीता, उपनिषद और पुराणों में पैदा हुई। उनकी लेखनी की नींव सही मायनों में इन्हीं ग्रंथों ने डाली।

'सिद्ध साहित्य' उनके शोध' का विषय था, उनके सटजिया सिद्धांत

से वे विशेष रूप से प्रभावित थे।

श्री पद्मकांत मालवीय के साथ 'अभ्युदय' में इलाचन्द्र जोशी के साथ 'संगम' में काम करके उन्होंने 'पत्रकारिता' के गुर सीखे थे। उन्हें आर्यसमाज की चिंतन और तर्कशैली भी प्रभावित करती थी।

छात्र जीवन में प्रसाद और शरतचन्द्र का साहित्य उन्हें विशेष प्रिय था और पश्चिमी साहित्यकारों में शैले और ऑस्कर वाइल्ड का उनपर बहुत प्रभाव था। उन्हीं दिनों वे अपने पिता तुल्य माखन लाल चतुर्वेदी के सम्पर्क में आये। उन्होंने भारती को बहुत प्रोत्साहित किया।

डॉ. भारती की प्रमुख रचनाएं

कहानी संग्रह :- मुर्दों का गांव, स्वर्ग और पृथ्वी, बांद और टूटे हुए लोग, बंद गली का आखिरी मकान, सांस की कलम से (समस्त कहानियां एक साथ)

कविता :- ठंडा लोहा, अंधा युग, सात गीत वर्ष, कनुप्रिया, सपना अभी भी, कुछ लम्बी कविताएं, आद्यन्त, मेरी वाणी गैरिक वासना

उपन्यास :- गुनाहों का देवता, सूरज का सातवां घोड़ा, ग्यारह सपनों का देश (प्रारंभ व समापन)

निबंध :- ठेले पर हिमालय, पश्यंती, कहनी अनकहनी, कुछ चेहरे कुछ चिंतन, शब्दिता, रिपोर्टिंग युद्ध यात्रा, मुक्त क्षेत्रे : युद्ध क्षेत्रे, साहित्य विचार और स्मृति

आलोचना :- प्रगतिवाद-एक समीक्षा - मानव मूल्य और साहित्य।

एकांकी संग्रह :- नदी प्यासी थी

अनुवाद :- ऑस्कर वाइल्ड की कहानियां, देशांतर (इक्कीस देशों की आधुनिक कविताएं)

शोध प्रबंध :- सिद्ध साहित्य

यात्रा विवरण :- यात्रा चक्र

पत्र संकलन :-अक्षर अक्षर यज्ञ

साक्षात्कार :- धर्मवीर भारती से साक्षात्कार

ग्रंथावली :- धर्मवीर भारती ग्रंथावली (9 खंडों में)

भाषा

परिमार्जित खड़ीबोली, मुहावरों, लोकोक्तियों, देशज तथा विदेशी भाषाओं के शब्दों का प्रयोग।

शैली

भावात्मक, वर्णनात्मक, शब्द चित्रात्मक आलोचनात्मक हास्य व्यंग्यात्मक।

डा. भारती को मिले प्रमुख पुरस्कार

1972 में पद्मश्री से अलंकृत हुए।

1984 -हल्दी घाटी श्रेष्ठ पत्रकारिता पुरस्कार (महाराणा मेवाड़ फाउंडेशन)

1985 - साहित्य अकादमी रत्न सदस्यता सम्मान

1986 - संस्था सम्मान-उत्तर प्रदेश हिंदी संस्थान

1988 - सर्वश्रेष्ठ नाटककार पुरस्कार, संगीत नाटक अकादमी, दिल्ली

1989 - डॉ. राजेन्द्रप्रसाद शिखर सम्मान, बिहार सरकार

1989 - गणेश शंकर विद्यार्थी पुरस्कार, केंद्रीय हिंदी संस्थान, आगरा

1989 - भारत भारती पुरस्कार, उत्तर प्रदेश हिन्दी संस्थान

1990 - महाराष्ट्र गौरव - महाराष्ट्र सरकार

1991 - साधना सम्मान, केडिया स्मृति न्यास

1992 - महाराष्ट्राच्या सुपुत्रांचे अभिनंदन सम्मान, वसंत राव नाईक प्रतिष्ठान

1994 – व्यास सम्मान, के के बिड़ला फाउंडेशन

1996 – शासन सम्मान, उत्तर प्रदेश हिन्दी संस्थान

1997 – उत्तर प्रदेश गौरव, अभियान सम्मान संस्थान- संगीत नाटक अकादमी के मनोनीत सदस्य

डॉ. भारती के लेखन पर आलोचकों की टिप्पणी

आलोचकों में भारती जी को प्रेम और रोमांस का रचनाकार माना है। उनकी कविताओं, कहानियों और उपन्यासों में प्रेम और रोमांस का यह तत्व स्पष्ट रूप से मौजूद है।

उनकी रचनाओं में मध्यवर्गीय जीवन के यथार्थ के चित्र भी हैं। 'अंधा युग' में स्वातंत्र्योत्तर भारत में आई मूल्यहीनता के प्रति चिंता है।

उन्होंने पूर्व और पश्चिम के मूल्यों, जीवन-शैली और मानसिकता के संतुलन पर बल दिया था, वे न तो किसी एक का अंधा विरोध करते हैं न अंधा समर्थन।

उनके अनुसार-'पश्चिम का अंधानुकरण करने की कोई जरूरत नहीं है, पर पश्चिम के विरोध के नाम पर मध्यकाल में तिरस्कृत मूल्यों को भी अपनाने की जरूरत नहीं है।'

उनकी दृष्टि में वर्तमान को सुधारने और भविष्य को सुखमय बनाने के लिए आम जनता के दुःख दर्द को समझने और उसे दूर करने की आवश्यकता है। दुःख तो उन्हें इस बात का है कि आज 'जनतंत्र' में 'तंत्र' शक्तिशाली लोगों के हाथों में चला गया है और 'जन' की ओर किसी का ध्यान ही नहीं है। अपनी रचनाओं के माध्यम से इसी 'जन' की आशाओं, आकांक्षाओं, विवशताओं, कष्टों को अभिव्यक्ति देने का प्रयास उन्होंने किया है।

1949 में प्रकाशित हुई, 'गुनाहों का देवता' उपन्यासकार धर्मवीर भारती के शुरुआती दौर के और सर्वाधिक पढ़े जाने वाले उपन्यासों में से एक है और हिन्दी साहित्य के इतिहास में सदाबहार माना जाता है।

इसमें प्रेम के अव्यक्त और अलौकिक रूप का अन्यतम चित्रण है। पात्रों के चरित्र-चित्रण की दृष्टि से यह हिन्दी के सर्वश्रेष्ठ उपन्यासों में गिना जाता है।

यह आश्चर्य की बात है कि खुद धर्मवीर भारती अपनी जिस रचना 'गुनाहों के देवता' को 'कलात्मक रूप से अपरिपक्व' मानते रहे, वही बरसों तक हिंदी की पांच सबसे अधिक बिकने वाली किताबों में शुमार होती रही है।

इसे 'बकवास' मानने वाले उपेन्द्रनाथ अश्क कहते थे –'यह किताब तो कोरा भावोच्छ्वास है' साथ ही वे यह कहने को मजबूर होते थे, 'इत्ती मोटी यह किताब एक सांस में खुद को पढ़ा ले जाती है। यह भी कम बड़ी उपलब्धि नहीं।'

डॉ. भारती की पुस्तक 'सूरज का सातवाँ घोड़ा' लघुकथाओं को पाठकों के बीच रखने की एक अलग शैली का नमूना मानी जाती है। 'अंधायुग' भी डॉ. भारती की सर्वाधिक चर्चित कृतियों में से एक है। इसे इब्राहिम अल्काजी, एम के रैना, रतन थियम और अरविंद गौर जैसे दिग्गज रंगकर्मी नाटक के रूप में पेश कर चुके हैं।

पुष्पा भारती- पहले मुझे 'अंधायुग' पसंद थी, क्योंकि उसमें कुछ सवाल उठाए गए थे। लेकिन बाद में डॉ. भारती ने जब 'कनुप्रिया' लिखी तो वह मुझे ज्यादा पसंद आई। 'कनुप्रिया' को मैं डॉ. भारती की श्रेष्ठकृति मानती हूं, क्योंकि इसमें जिस राधा का उल्लेख है वह मीरा की भक्तिकालीन राधा नहीं है। 'कनुप्रिया' की राधा आधुनिक है और उसका व्यक्तित्व इतना मजबूत है कि उसके आगे कृष्ण भी छोटे नजर आते हैं।'

उनकी कई कहानियों और उपन्यासों पर फिल्में भी बन चुकी हैं, 1997 में महाराष्ट्र राज्य हिंदी साहित्य अकादमी ने हिंदी की सर्वश्रेष्ठ रचना को प्रतिवर्ष 'धर्मवीर भारती महाराष्ट्र सारस्वत सम्मान' 51, 000 का पुरस्कार देने की घोषणा की। 1999 में युवा कहानीकार उदय प्रकाश के निर्देशन में साहित्य अकादमी दिल्ली के लिए डॉ. भारती पर एक वृत्त चित्र का निर्माण भी हुआ है।

डॉ. भारती द्वारा की गयी यात्राएं

1961 में 'कॉमनवेल्थ रिलेशन्स कमेटी' के आमंत्रण पर प्रथम विदेश यात्रा - इंग्लैंड तथा यूरोप के कई देशों की की।

1962 में 'पश्चिम जर्मन सरकार' के आमंत्रण पर जर्मनी गये।

1966 में 'भारतीय दूतावास' के निमंत्रण पर इंडोनेशिया तथा थाइलैंड गये।

1971 मुक्तिवाहिनी के साथ बांग्लादेश की गुप्त यात्रा करने के बाद क्रांति का आंखों देखा वर्णन लिखा।

1971 में भारत-पाक युद्ध के दौरान भारतीय सेना के साथ स्वयं युद्ध क्षेत्र में जा कर वास्तविक युद्ध होते देखा और विस्तृत रिपोर्ताज लिखा।

1974 मॉरिशस यात्रा के दौरान भारतीय मूल की जनता से सीधा सम्पर्क करके 'धर्मयुग' का जो अंक निकाला, उससे दोनों देशों के बीच मजबूत सांस्कृतिक पुल बना।

1978 'चीन सरकार' के आमंत्रण पर चीन और सिंगापुर की यात्रा की।

1990 में अमरीका की निजी यात्रा की।

डॉ. भारती का निधन

धर्मयुग को पत्रकारिता का आकाश छूती ऊंचाइयों तक पहुंचा कर सत्ताईस वर्षों तक लगातार पूरी एकाग्रता के साथ काम करने के उपरांत 1987 में अवकाश ग्रहण कर लिया। 1989 में हृदय रोग से गंभीर रूप से बीमार हो गये और फिर कभी पूरी तरह स्वस्थ नहीं हुए। वे केवल अद्‌भुत इच्छा शक्ति के साथ काम करते रहे थे।

अंततः 4 सितंबर 1997 को नींद में ही मृत्यु को वरण कर लिया।

निर्मल वर्मा

'फक्कड़ी और घुमक्कड़ी में हिंदी लेखन के सबसे प्रभावी हस्ताक्षर'

हिंदी कहानी में 'आधुनिकता' का बोध लाने वाले कहानीकारों में निर्मल वर्मा का नाम अग्रणी है। उन्हें हिन्दी साहित्य में 'नई कहानी' विधा का प्रणेता माना जाता है। अज्ञेय की तरह इन्होंने भी पश्चिमी कहानी लेखन की विधा को हिंदी में प्रयुक्त किया।

निर्मल वर्मा का जन्म

इनका जन्म अप्रैल 3 1929 को शिमला में हुआ था। इनके पिताजी का नाम नंद कुमार वर्मा था, जो ब्रिटिश सरकार में डिफेन्स के बड़े अधिकारी थे। इनके परिवार में माता पिता के अतिरिक्त आठ भाई बहिन थे, जिनमें निर्मल जी पांचवी सन्तान थे।

निर्मल वर्मा का व्यक्तित्व

दैनिक घटनाओं, मानवीय आदतों, कमियों-खूबियों को उन्होंने उतने ही सहज रूप में लिखा है, जितना बाकी की दुनिया ने उसे कठिन बना रखा है। निर्मल वर्मा खुद भी मस्त रहते थे और कोशिश करते थे कि आस-पास सब मगन रहें, जीते रहें। निर्मल वर्मा जिंदगी के नैराश्य से हाथ छुड़ाकर भागने में यकीन नहीं रखते, बल्कि उन्होंने उसके कालेपन को बिल्कुल अपना लिया था, अपना हिस्सा बना लिया था। फलस्वरूप वे नैराश्य का भी आनंद लेते थे।

शिक्षा

निर्मल वर्मा ने दिल्ली विश्वविद्यालय के 'सेंट स्टीफेंस कॉलेज' से इतिहास में एम. ए. करने के बाद पढ़ाना शुरू कर दिया था।

1972 तक वे यूरोप प्रवास पर रहें। यूरोप के पूर्वी-पश्चिमी हिस्सों में वो खूब घूमे और वहां रहकर उन्होंने आधुनिक यूरोपीय समाज का गहरा अध्ययन किया। इस अध्ययन का असर उनके भारतीय सभ्यता और धर्म संबंधी चिंतन पर भी हुआ।

यूरोप से वापसी के बाद निर्मल वर्मा 'इंडियन इंस्टिट्यूट ऑफ एडवान्स्ड स्टडीज', शिमला में फेलो चयनित हुए। यहां रहते हुए उन्होंने 'साहित्य में पौराणिक चेतना' विषय पर रिसर्च की।

कार्यक्षेत्र-

1959 से 1972 के बीच उन्हें यूरोप प्रवास का अवसर मिला।

1959 में चेकोस्लोवाकिया के प्राग विश्वविद्यालय के 'प्राच्य विद्या संस्थान' के निमंत्रण पर वे वहां चले गए और सात साल तक रहकर चेक उपन्यासों तथा कहानियों का हिंदी अनुवाद किया।

इस दौरान उनकी लेखनी से कैरेल चापेक, जीरी फ्राईड, जोसेफ स्कोवर्स्की और मिलान कुंदेरा जैसे लेखकों की कृतियों का हिंदी अनुवाद हुआ।

1973 में वे इंडियन इंस्टिट्यूट ऑफ एडवांस स्टडीज शिमला के फेलो थे।

1977 में उनको अयोवा यूनिवर्सिटी अमेरिका से 'इंटरनेशनल राईटिंग प्रोग्राम' में शामिल होने का निमंत्रण मिला।

1980 में हंगरी, सोवियत संघ, जर्मनी और फ्रांस गए। भारतीय लेखकों के प्रतिनिधि मंडल में वे भी बतौर सदस्य थे।

1987 में फेस्टिवल ऑफ इंडिया कमेटी के निमंत्रण पर शिकागो विश्वविद्यालय में आयोजित 'भारतीय साहित्य विषयक' संगोष्ठी में भाग लिया।

1981-83 में निराला सृजनपीठ भोपाल और यशपाल सृजनपीठ शिमला के अध्यक्ष रहे।

1988 में हाईडेलबर्ग यूनिवर्सिटी में उन्होंने 'अज्ञेय स्मारक व्याख्यान' दिया।

1988 में इंग्लैंड के प्रकाशक रीडर्स इंटरनेशनल द्वारा उनकी कहानियों का संग्रह 'द वर्ल्ड एल्सव्हेयर' प्रकाशित हुआ।

इसी समय बीबीसी द्वारा उन पर एक डाक्यूमेंट्री फिल्म भी प्रसारित हुई।

उनकी कृतियां-

उपन्यास

वे दिन (1964)

लाल टीन की छत (1974)

एक चिथड़ा सुख (1979)

रात का रिपोर्ट (1989)

अरण्य अंतिम (2000)

कहानी संग्रह

परिंदे (1959)

जलती झाड़ी(1965)

पिछली गर्मियों में (1968)

बीच बहस में (1973)

मेरी प्रिय कहानियां (1973)

प्रतिनिधि कहानियां(1988)

कव्वे और काला पानी(1983)

सूखा तथा अन्य कहानियां(1995)

संपूर्ण कहानियां(2005)

यात्रा-संस्मरण व डायरी

चीड़ों पर चांदनी (1963)

हर बारिश में (1970)

धुंध से उठती धुन(1977)

निबंध

शब्द और स्मृति (1976)

कला का जोखिम (1981)

ढलान से उतरते हुए (1985)

भारत और यूरोप : प्रतिश्रुति के क्षेत्र (1991)

इतिहास स्मृति आकांक्षा (1991)

शताब्दी के ढलते वर्षों में (1995)

अन्त और आरम्भ (2001)

नाटक

तीन एकान्त (1976)

संचयन

दूसरी दुनिया (1978)

परिवर्द्धित नया संस्करण(2005)

अनुवाद

कुप्रिन की कहानियां (1955)

रोमियो जूलियट और अंधेरा (1962)

झोंपड़ीवाले (1966)

बाहर और परे (1967)

बचपन(1970)

आर यू आर (1972)

साहित्यिक योगदान-

निर्मल वर्मा को हिंदी और अंग्रेजी दोनों का ज्ञान था, लेकिन निर्मल वर्मा का मुख्य योगदान हिंदी कथा-साहित्य के क्षेत्र में माना जाता है। उनकी सौ से अधिक कहानियां कई कहानी संग्रहों में प्रकाशित हुईं।

1958 में 'परिंदे' कहानी से प्रसिद्धी पाने वाले निर्मल वर्मा ने 'धुंध से उठती धुन' और 'चीड़ों पर चांदनी' यात्रा वृतांत भी लिखे, जिसने उनकी लेखन विधा को नये मायने दिए।

उनका साहित्य संसार संक्षिप्त ही है मगर इन्होंने जितना भी लिखा, उसकी खूब ख्याति मिली।

'नई कहानी' के प्रणेता

निर्मल वर्मा जी को 'नई कहानी' विधा का प्रणेता माना जाता है। इनकी कहानियां हिंदी परम्परा से हटकर पाश्चात्य परम्परा से जुड़ी हुई हैं। अज्ञेय की तरह इन्होंने भी पश्चिमी कहानी लेखन की विधा को हिंदी में प्रयुक्त किया।

हिन्दी के महान् साहित्यकारों में से अज्ञेय और निर्मल वर्मा जैसे कुछ ही साहित्यकार ऐसे रहे हैं, जिन्होंने अपने प्रत्यक्ष अनुभवों के आधार पर भारतीय और पश्चिम की संस्कृतियों के अंतर्द्वन्द्व पर गहनता एवं व्यापकता से विचार किया।

निर्मल वर्मा जी साठोतरी कहानी साहित्य के चर्चित हस्ताक्षर हैं। उनकी कहानियों में कथ्य और शिल्प दोनों ही दृष्टियों से नवीनता देखी जाती है। भाषा तकनीक एवं विषय के प्रस्तुतीकरण में भी नवीन प्रयोगशीलता के दर्शन होते हैं।

एक आलोचक के अनुसार, 'नई कहानी' की अपनी निजी विशेषताएं होती हैं, क्योंकि उसकी अनुभूति भी कहानीकार की निजी ही होती है। एक अर्थ में वह भोगी हुई होती है। भोगी हुई का तात्पर्य केवल यह नहीं होनी चाहिए कि कहानीकार केवल उन्हीं अनुभूतियों को शब्द देता है जिसकी पीड़ा से होकर वह केवल वही गुजरता है, बल्कि अन्य लोगों की भी अनुभूति में

साझीदार होता है और उसके सृजन पर प्रभाव डालती है।'

उक्त कथन निर्मल जी पर पूरी तरह घटित होता है। उनकी कहानियों में आत्म बोध के साथ साथ जगत बोध भी उभर कर सामने आया है।

निर्मल वर्मा की कहानियों व कहानी संग्रह की विशेषताएं -

प्रेमचंद और जैनेन्द्र के बाद की पीढ़ी के वर्मा जी की कहानियों में अंतर्द्वंद्व का चित्रण इस बारीकी से हुआ हैं कि पाठक एक रहस्यमय सोच में डूबकर कहानी के कथ्य में गोता लगाने लगता है। वातावरण प्रधान कहानियों में उन्होंने घटनाक्रम पर कम ध्यान दिया है। मनोस्थिति के भीतर गहराई से झांका है। तभी तो वस्तु के नाम पर वहां बहुत कम मिलता है और पात्रों की मानसिक द्वन्द्वात्मकता अधिक उजागर होती है।

निर्मल वर्मा किसी स्कूल से सम्बद्ध नहीं थे, न ही वे मार्क्सवादी या मनोविश्लेषणवादी होने का दंभ भरते थे, बल्कि वे तो एक अलग ही धारा के लेखक थे। अक्सर उनकी कहानियां पहाड़ी जीवन को लेकर लिखी गई हैं। जिनके पात्र देशी विदेशी दोनों प्रकार के हैं। वर्मा की कहानियों में संवेदना की गहराई, चेतन अचेतन का द्वंद्व, फ्लैशबैक, प्रतीकात्मकता, दार्शनिकता तथा मानवीय सम्बन्धों की जोड़-तोड़ अधिक देखने को मिलती है और यही उनकी कहानी कला की विशेषताएं हैं।

इनकी कहानियों का अंत निष्कर्ष रहित है। पात्रों के द्वंद्व व रिश्तों को चित्रित कर कहानी का अंत ऐसे बिंदु पर करते हैं कि लगता है कहानी अधूरी है। पर यही तो 'नई कहानी' की विशेषता हैं कि उसके अंत का अनुमान पाठकों पर छोड़ दिया जाता है। वर्मा जी की कहानियों का मूल स्वर रोमांटिक प्रेम के तन्तुओं से निर्मित है। उसमें अवसाद की गहन छाया विद्यमान हैं और अनुभूति की गहन मधुरता तथा विकलता है। निर्मल वर्मा की परिंदे एवं लवर्स कहानियां इसी श्रेणी में रखी जा सकती हैं।

'मेरी प्रिय कहानियां' पुस्तक की भूमिका में वर्मा लिखते हैं, 'आज सोचता हूं तो मुझे स्वयं अपनी कहानियों की परिस्थतियां ज्यादा स्पष्ट रूप

में याद नहीं आतीं, केवल एक धुंधली सी स्मृति छाया की तरह हर कहानी के साथ जुड़ी रह गई है।'

पहाड़ी मकानों की एक खास निर्जन किस्म की भुतैली आत्मा होती है। शायद इसे वही समझ सकते हैं, जिन्होंने अपने अकेले सांय-सांय करते बचपन के बहुत सारे वर्ष एक साथ पहाड़ी स्टेशनों पर गुजारे हों। इस कथन से यही प्रतीत होता है कि निर्मल वर्मा ने पहाड़ी स्थलों में काफी अधिक समय व्यतीत किया है। तभी तो 'परिंदे', 'अंधेरे में ' एवं 'डेढ़ इंच ऊपर' ऐसी कहानियां हैं, जिसमें पहाड़ी वातावरण अधिक चित्रित हुआ है।

डॉ बाबूलाल गोस्वामी के अनुसार, 'उनकी कहानियां अपनी भूमि, अपने देश की परम्परा, यहां की गरीबी और जहालत से कटकर रोमानी रुचि से ओत प्रोत हैं। प्रमुख कहानी संग्रह परिंदे, लवर्स ऐसी ही कहानियां हैं। अंधेरे में, डेढ़ इंच ऊपर, इतनी बड़ी आकांक्षा, शराबघरों की चुहलबाजियों और अवसाद में डूबे शराबियों की कहानी है। किन्तु लन्दन की एक रात और कुत्ते की मौत जैसी कहानियों में जीवन की अनिश्चिंतता, घुटन, निरर्थकता, रंग भेद और बेगानगी को चित्रित किया गया है। जिससे उनका सामाजिक सरोकार एवं यथार्थ बोध कुछ गहराई के साथ व्यक्त हुआ है।'

पढ़िए उनकी कहानी 'परिंदे' और 'वे दिन' के कुछ अंश, जो आपको निर्मल वर्मा के लेखन का मुरीद बना देंगे। साथ में उनकी डायरी का भी कुछ हिस्सा, जो उनकी बेचैनी, खुशी, जीवंतता का आईना है।

परिंदे

'हमारा बड़प्पन सब कोई देखते हैं, हमारी शर्म केवल हम देख पाते हैं। अब वैसा दर्द नहीं होता, जो पहले कभी होता था, तब उसे अपने पर ग्लानि होती है। वह फिर जान-बूझकर उस घाव को कुरेदती है, जो भरता जा रहा है, खुद-ब-खुद उसकी कोशिशों के बावजूद भरता जा रहा है।'

वे दिन

'तुम मदद कर सकते हो, लेकिन उतनी नहीं जितनी दूसरों को

जरूरत है और यदि जरूरत के मुताबिक मदद नहीं कर सको तो चाहे कितनी भी मदद क्यों न करो, उससे बनता कुछ भी नहीं। तुम बहुत से दरवाजों को खटखटाते हो, खोलते हो और उनके परे कुछ नहीं होता, फिर अकस्मात् कोई तुम्हारा हाथ खींच लेता है, उस दरवाजे के भीतर जिसे तुमने खटखटाया नहीं था। वह तुम्हें पकड़ लेता है और तुम उसे छोड़ नहीं सकते।'

निर्मल वर्मा की डायरी से

हमें समय के साथ अपने लगावों और वासनाओं को उसी तरह छोड़ते चलना चाहिए, जैसे सांप अपनी केंचुल छोड़ता है और पेड़ अपने पत्तों-फलों का बोझ! जहां पहले प्रेम की पीड़ा वास करती थी, वहां सिर्फ खाली गुफा होनी चाहिए, जिसे समय आने पर सन्यासी और जानवर दोनों छोड़कर चले जाते है। बूढ़ा होना क्या धीरे-धीरे अपने आप को खाली करने की प्रक्रिया नहीं है? अगर नहीं है तो होनी चाहिए। ताकि मृत्यु के बाद जो लोग तुम्हारी देह लकड़ियों पर रखें, उन्हें भार न महसूस हो, और अग्नि को भी तुम पर ज्यादा समय न गंवाना पड़े, क्योंकि तुमने अपने जीवनकाल में ही अपने भीतर वह सब कुछ जला दिया है, जो लकड़ियों पर बोझ बन सकता था।

पुरस्कार

साहित्य से सम्बंधित शायद ही कोई भारतीय पुरस्कार होगा, जो निर्मल वर्मा को न मिला हो।

1973 में उनकी कहानी 'माया दर्पण' पर बनी फिल्म को सर्वश्रेष्ठ फिल्म का पुरस्कार

1995 में भारतीय ज्ञानपीठ की तरफ से 'मूर्तिदेवी पुरस्कार'

1999 में उन्हें 'भारतीय ज्ञानपीठ पुरस्कार'

सम्मान

1985 में 'कव्वे और काला पानी' के लिए उन्हें साहित्य अकादमी सम्मान

1995 में उत्तर प्रदेश हिंदी संस्थान का 'राममनोहर लोहिया' अतिविशिष्ट सम्मान'

2002 में भारत सरकार की ओर से साहित्य एवं शिक्षा के क्षेत्र में उनके योगदान के लिए पद्‌म भूषण।

उन्हें जितना मान दिया गया उतना ही उनका अनदेखा भी हुआ। जितनी चर्चा उनकी कृतियों पर होनी चाहिये थी, शायद वह हुई ही नहीं। वे उन चुने हुए व्यक्तियों में थे, जिन्होंने साहित्य और कला की निष्काम साधना की और जीवनपर्यन्त अपने मूल्यों का निर्वाह किया।

निधन

निर्मल वर्मा का निधन 25 अक्टूबर 2005 को फेफड़े की बीमारी से जूझने के बाद 76 वर्ष की अवस्था में नई दिल्ली में हो गया। हिंदी साहित्य में उनका योगदान अविस्मरणीय रहेगा।

मालती जोशी

'पारिवारिक पृष्ठभूमि पर अपने लेखन के लिए प्रसिद्ध-लेखिका मालती जोशी'

मालती जोशी आधुनिक समय की एक प्रसिद्ध महिला कहानीकार और उपन्यासकार हैं। उन्होंने समकालीन साहित्य में स्त्रीदेह-विमर्श और बोल्डनेस (बिंदासपन) के विरोधी के रूप में आधुनिक हिंदी कहानी को एक नई दिशा प्रदान करके अपनी अलग पहचान बनायी है। उन्होंने कहा कि नारीवाद के नाम पर हर बार नारेबाजी करनी जरूरी नहीं है। विनम्रता के साथ भी स्त्रियों का पक्ष अच्छी तरह रखा जा सकता है।

जन्म और बचपन

इनका जन्म 4 जून 1934 को महाराष्ट्र के औरंगाबाद शहर के मध्यमवर्गीय महाराष्ट्रीयन परिवार में हुआ, मालती जोशी के पिता तत्कालीन ग्वालियर राज्य के जज थे। मालती जोशी के अनुसार- 'पिता में सामाजिक समस्याओं एवं मुद्दों को लेकर जो विचार थे, भले ही वे कहानी एवं उपन्यास की शक्ल नहीं ले पाए, लेकिन उनका अनुवांशिक असर मुझ पर पड़ा और मैं लेखन में आ गई।'

शिक्षा

1950 में मैट्रिक पास किया और 1956 में आगरा विश्वविद्यालय (उ. प्र.) से हिन्दी विषय से स्नात्कोत्तर शिक्षा प्राप्त की। इनकी मातृभाषा मराठी है, पर शिक्षा-दीक्षा हिन्दी में हुई। इन्होंने अपने लेखन का आरम्भ भी हिन्दी में ही किया।

व्यक्तित्व

मालती जी के पारिवारिक परिवेश का भी उनके व्यक्तित्व पर गहरा असर उनके सरल, सौम्य, विनम्र स्वभाव तथा सादगी पसंद वेश-भूषा से दृष्टिगोचर होता है। उनकी रचनाओं में भी उनके मध्यवर्गीय परिवेश के अनुसार पनपी सोच का असर स्पष्ट दिखाई देता है। उन्होंने अपने परिवार में अपने लिए या समस्त स्त्री-वर्ग के लिए, अपनी रचनाओं में विद्रोह उग्र होकर नहीं विनम्रता से किया है।

वे बहुत कर्मठ महिला हैं, यह बात 'नूपुर राशीनकर' ने मालती जी का साक्षात्कार लेते समय बताया कि उन्होंने 1971 में जब वे 37 वर्ष की थीं, तब अपना लेखन आरम्भ किया, जब अधिकतर गृहिणियां किसी व्यवसाय में सफलता प्राप्त करने की उम्मीद छोड़ देती हैं। वे कभी व्यावसायिक रूप से नहीं लिखना चाहती थीं, लेकिन उनकी कुछ कहानियां पत्रिकाओं में छपीं, तो प्रकाशक स्वयं उनके पास आए। तब उन्होंने मौके का लाभ उठाने पर विचार किया।

मालती जी ने उनको बताया कि जब 'जया बच्चन' और 'गुलजार' के प्रतिनिधि उनकी कुछ कहानियों पर सीरियल बनाने की अनुमति लेने आए, तो यह उन्हें बहुत गर्व की बात लगी।

वे अपनी लेखन यात्रा से बहुत संतुष्ट हैं। वे किसी पुरस्कार या सम्मान प्राप्ति के लिए नहीं, बल्कि उन्हें संतुष्टि मिलती है, इसलिए लिखती हैं। उन्होंने अपने घर के प्रति अपनी जिम्मेदारी को हमेशा प्राथमिकता दी, लेकिन पाठकों के प्यार और प्रेरणा के कारण वे निरंतर लिखती गईं और उम्र के इस पड़ाव में भी लिख रही हैं।

लेखिका होने के बावजूद मालती जी को अपने एक कुशल गृहिणी होने पर भी अभिमान है। उनके बनाए खाने के भी प्रशंसक कम नहीं। उन्होंने अपनी एक पत्नी, एक मां, एक सास और दादी की भूमिकाएं भी खूब निभाई हैं।

वैवाहिक जीवन

मालती जी ने बताया-

'मैं एक मध्यमवर्गीय मराठी परिवार में जन्मी और पली-बढ़ी। खासकर शादी से पहले बाहरी दुनिया से मेरा संपर्क बहुत कम था। शादी के बाद भी मैं गृहिणी की भूमिका में ही रही, लेकिन मेरे पति और परिवार ने मुझे लेखन के लिये हमेशा प्रोत्साहित किया।'

उन्होंने अपने ससुराल में सदियों पुरानी परम्परा बदलने के लिये 'विनम्र प्रतिरोध' किया। उन्होंने बताया कि पारंपरिक मराठी परिवारों में ससुराल में नवविवाहिता का नाम आमतौर पर बदल दिया जाता है। नाम बदलने की बाकायदा एक रस्म होती है। शादी के बाद उनके पति ने उनसे पूछा कि उन्हें कौन-सा नया नाम पसंद है। इस पर उन्होंने उन्हें धीरे से कहा कि उनके मौजूदा नाम में क्या खराबी है? आखिरकार शादी के बाद उनका नाम नहीं बदला गया। उन्होंने अपनी बहुओं का नाम भी नहीं बदलने दिया। उनका कहना है कि नाम बदलने से स्त्री की पूरी पहचान बदल जाती है।

मालती जोशी ने अविस्मरणीय स्तर के संस्मरण भी लिखे हैं। उनका अक्टूबर 2011 के 'नवनीत डाईजेस्ट' में छपे संस्मरणात्मक आत्मकथ्य 'इस प्यार को क्या नाम दूं?' के कुछ अंश -

पहला संस्मरण- 'इधर एक अभूतपूर्व घटना घटी है। कम से कम मेरे लिए तो यह बहुत ही खास और अहम है। लगभग पच्चीस वर्ष पूर्व की बात है। स्वामी सत्यमित्रानंदजी का कोई कार्यक्रम जबलपुर में था। एक दिन प्रवचन स्थल पर कुछ महिलाओं ने मुझसे सम्पर्क किया। कहा कि हमलोग एक महिला मंडल या कहिए कि लेखिका संघ की स्थापना कर रहे हैं। हम चाहते हैं कि उसका उद्घाटन आपके हाथों हो। मना करने का कोई प्रश्न नहीं था। मैंने तुरंत हामी भर दी। दूसरे दिन एक सदस्य के घर में अत्यंत घरेलू वातावरण में वह कार्यक्रम सम्पन्न हुआ। कुल जमा आठ-दस महिलाएं थीं, इसलिए भाषणबाजी नहीं हुई। गीत-संगीत ही कार्यक्रम का मुखस्वर रहा। बाद में जीवन की आपाधापी में मैं यह प्रसंग भूल भी गयी। याद तब आयी, जब उस संगठन ने अपने पच्चीस साल पूरे किये। उन्हीं लोगों ने याद दिलायी। बाकायदा निमंत्रण आया कि यह पच्चीसवीं सालगिरह हम

आपके साथ ही मनाना चाहते हैं। सो, फिर एक बार जबलपुर पधारें। मैंने विनम्रतापूर्वक उत्तर दिया कि इन पच्चीस सालों में मैं जीवन के उस पड़ाव पर पहुंच गयी हूं, जहां सफर करने से जी घबराता है। अतः क्षमा करें। उनका उत्तर आया कि आप नहीं आ सकतीं तो हम आ जाते हैं। बस वह 14 अप्रैल का दिन हमारे लिए खाली रखें और वे करीब अठारह सदस्य जनशताब्दी से आयीं। दुष्यंत कुमार संग्रहालय के सभागार में उन्होंने यह रजत-जयंती मेरे साथ मनायी और रात की ट्रेन से वापस लौट गयीं। इस प्यार को क्या नाम दूं, समझ में नहीं आता। पर ये कुछ ऐसे ही क्षण होते हैं, जब अपने लेखक होने पर गर्व होता है।'

दूसरा संस्मरण -'मैंने सन 1950 में मैट्रिक पास किया था। उन दिनों स्कूल में अध्यापिकाएं या तो उम्रदराज होती थीं या फिर वे युवतियां जो हालात की मार से हताश, निराश और जीवन से उदासीन होती थीं। ऐसे में ठंडी हवा के झोंके की तरह हिंदी की नयी टीचर का आगमन हुआ। लखनऊ कॉलेज से ताजा ग्रेजुएट होकर आयी थीं। रहन -सहन में, बातचीत में नफासत थी, नजाकत थी। छात्राओं से उनका व्यवहार भी मित्रवत था, जो एक नयी बात थी। लड़कियां तो उनपर लट्टू हो गयीं। मुझमें तब कविता के अंकुर फूटने लगे थे। मैंने उन पर ढेरों कविताएं लिख डालीं। उनकी शादी और हमारी फाइनल परीक्षा आसपास ही सम्पन्न हुई थी। फेयरवेल पार्टी के दिन मैंने अपनी कविताओं की कॉपी उन्हें सादर भेंट कर दी थी। उसके बाद कॉलेज, फिर शादी, बच्चे, नयी - नयी गृहस्थी, जगह- जगह तबादले- इस आपाधापी में किशोरावस्था का पागलपन सुदूर अतीत की चीज बन गयी। कोई बाईस-तेईस साल बाद मुझे अचानक उनका पता मिला। भूला-बिसरा बहुत कुछ याद आ गया, और मैंने उन्हें एक पत्र लिख डाला। पत्र में मैंने सिर्फ अपना नाम और पता लिखा। 'जोशी' जान- बूझकर नहीं लिखा, क्योंकि इस नाम से उन दिनों मुझे थोड़ी शोहरत मिलने लगी थी। लौटती डाक से उनका पत्र आया। उन दिनों चिट्ठियां तुरत-फुरत मिल जाती थीं। आजकल की तरह लेट-लतीफी नहीं थीं। पत्र में उन्होंने लिखा कि मैं तो लिफाफा देखकर ही पहचान गयी थी कि मालती का पत्र होगा। तुम्हारे अक्षर

मेरे लिए जाने-पहचाने हैं। आगे उन्होंने पूछा कि क्या अब भी कविताएं लिखती हो या छोड़ दिया? मैंने उत्तर में लिखा कि कॉलेज के जमाने में इतने गीत लिखे कि लोगों ने मुझे 'मालव की मीरा' की उपाधि दे डाली पर अब कविता छूट गयी है, रूठ गयी है। हां, कभी- कभार कहानियां लिख लेती हूं। तीर की तरह उनका दूसरा पत्र आया- 'कहीं तुम मेरी प्रिय लेखिका मालती जोशी तो नहीं हो?' जीवन में इतनी प्रशंसा बटोरी है, पर सच कहती हूं, इस एक वाक्य ने जो रोमांच, जो खुशी, जो संतोष दिया, उसका जवाब नहीं है।'

तीसरा संस्मरण- 2006 में मध्य प्रदेश शासन का 'साहित्य शिखर सम्मान' मुझे दिया गया। इस कार्यक्रम के लिए इंदौर से मेरे भाई - बहन बरसते पानी में सपरिवार पधारे थे। मेरे भोपालवासी ससुराल के परिजन भी भीगते हुए भारत भवन पहुंचे थे। उस दिन मेरा घर फूलों से भर गया था। कार्यक्रम के दो दिन बाद मेरे यहां काम करनेवाले युवक ने मुझे एक फाइल पकड़ायी।

'ये क्या है?' मैंने पूछा।

'आप देखिए तो।'

मैंने देखा, लाल रंग की जिल्द वाली सुंदर फाइल थी। ऊपर सुंदर अक्षरों में लिखा था 'अलंकरण समारोह'। फाइल खोलकर देखी तो में दंग रह गयी। उसमें भोपाल से निकलने वाले सारे अखबारों की कतरनें थीं। अंग्रेजी अखबार भी छूटे नहीं थे। उन कतरनों में मेरे बारे में जहां - जहां जो - जो इन दिनों छपा था, सब करीने से फाइल किया हुआ था। मेरे इंटरव्यूज, सम्मान समारोह की रिपोर्ट, दूसरे दिन की कथा - गोष्ठी का विवरण। सब कुछ उसमें था। महज आठवीं-नौवीं पास उस व्यक्ति ने कितनी मेहनत, कितनी लगन से यह सामग्री जुटायी थी, सोचकर आश्चर्य हो रहा था। वह फाइल आज भी एक अमूल्य धरोहर के रूप में मेरे पास सुरक्षित है।

साहित्यिक योगदान

मालती जी के लेखन का प्रारंभ गीतों से हुआ। कवि सम्मेलनों में

इन गीतों से उनकी पहली पहचान बनी। 1969 में बच्चों के लिये लिखना प्रारंभ किया और खूब लोकप्रियता प्राप्त की। 1971 में 'धर्मयुग' में पहली कहानी प्रकाशित हुई और मालती जोशी भारतीय परिवारों की चहेती लेखिका बन गयीं।

उनकी कहानियों का संसार भारतीय परिवारों का जीवंत परिवेश है। उनकी कहानियों के संवाद, दैनिक क्रियाकलाप और वातावरण इस कदर सुंदरता से चित्रित हुए हैं कि कहानियां अपनी सी लगती हैं।

मालती जी ने अब तक 34 पुस्तकें लिखी हैं, जिसमें उपन्यास, कहानी संग्रह, बालकथा संग्रह, गीत संग्रह, व्यंग्य संग्रह आदि शामिल हैं।

हिंदी कहानियों में स्त्री मन के छोटे से छोटे हलचल को अपने लेखन से उकेरने वाली अपनी समकालीन लेखिकाओं की तरह मालती जोशी ने भी पुरुषसत्तात्मक समाज में स्त्रियों का प्रतिरोधी स्वर मुखर किया है। पुरुषसत्तात्मक समाज में बचपन से ही लड़का-लड़की में भेद होता है। दोनों के साथ अलग-अलग तरह का व्यवहार किया जाने लगता है, इसीलिये लड़की में मां के और पुत्र में पिता के परिवेश का असर होता चला जाता है। ऐसे बहुत तरह के परिवेश को मालती जोशी अपनी कहानियों में बड़ी गहराई और सूक्ष्मता के साथ बुनती हैं।

उनकी कहानियों की विशेषताएं

उन्हीं के शब्दों में, 'जीवन की छोटी-छोटी अनुभूतियों को, स्मरणीय क्षणों को मैं अपनी कहानियों में पिरोती रही हूं। ये अनुभूतियां कभी मेरी अपनी होती हैं कभी मेरे अपनों की और इन मेरे अपनों की संख्या और परिधि बहुत विस्तृत है। वैसे भी लेखक के लिए अपने आप पर भाव तो रहता ही नहीं है। अपने आसपास बिखरे जगत का सुख-दुःख उसी का सुख-दुःख हो जाता है और शायद इसीलिये मेरी अधिकांश कहानियां 'मैं' के साथ शुरू होती हैं। मध्यम वर्ग व बड़े परिवार की हूं। अतः उसी के इर्द-गिर्द ही कहानियां घूमती हैं। जाहिर सी बात है कि जिस परिवेश में आप रहे हो, या रहते हो, वही आपके लेखन में अधिक रहता है।'

मुंशी प्रेमचंद की तरह मालती जोशी की कहानियों की भी भाषा सहज, सरल और संवेदनशील होती है। उन्होंने मध्यवर्गीय परिवारों की गहन मानवीय संवेदनाओं के साथ नारी मन के सूक्ष्म तंतुओं को रेखांकित किया है। उनकी कहानियों में स्थानीय शब्दों के साथ अलंकारिक शब्दावली का भी बहुतायत से प्रयोग होता है, जिससे सभी कहानियां मार्मिक और हृदयस्पर्शी बन पड़ी हैं।

उनकी एक कहानी है - 'स्नेह बंध'। यह पूरी कहानी मुख्यतः प्रमुख पात्र मीता और उसकी सास के इर्द-गिर्द घूमती है। कथानक व्यक्ति के आचरण की दो पर्तों पर केंद्रित किया गया है। आदमी कभी कभी अपने बाहर का आचरण इतना जटिल कर लेता है कि उसके अपने अंतर का परिदृश्य स्वयं उसके वश से बाहर हो जाता है।

मालती जोशी की कहानियों के साथ उनके लाखों प्रशंसक अपनी जिंदगी का ताना-बाना बुनते हैं। एकदम सहज और घरेलू होने के बाद भी उनकी कहानियां बहुत बड़ा सामाजिक संदेश दे जाती हैं। ये कहानियां संस्कारों का भंडार हैं। मानवीय संवेदनाओं के सूक्ष्मतम स्पंदनों को भी अपने शब्दों में बांधने की क्षमता रखनेवाली मालतीजी अपनी सहज प्रवाहमय भाषा शैली के माध्यम से कब पाठकों के मन की गहराई में उतर जाती हैं, पता ही नहीं चलता। उनकी कहानियां मन को छूने वाली होती हैं।

आज मालतीजी की कहानियां समाज के हर वर्ग में, चाहें वो गृहिणी हो या कामकाजी महिला, बड़े पदों पर पदस्थ व्यक्ति हैं या अपनी सीमित आय में कठिनाई से जीवनयापन करनेवाला साधारण व्यक्ति, नवविवाहित हो या वानप्रस्थ की ओर जाते दंपति हों, गांव-देहात में पढ़नेवाला युवा हो या महानगरों में बड़े प्रोफेशन में हो, लोकप्रिय हैं।

इन दिनों भारतीय समाज के साथ कला-साहित्य जगत में भी स्त्री देह की आजादी और यौन संबंधों के खुलेपन की बहस जोरों पर है, लेकिन 'पद्मश्री' सम्मान के लिए चुनी गई मशहूर हिन्दी कहानीकार मालती जोशी मानती हैं, 'उग्र नारीवाद' का झंडा उठाए बगैर भी पूरी शिद्दत से आधी

आबादी का पक्ष रखा जा सकता है। मालती जोशी ने कहा कि हिन्दी साहित्य में स्त्री देह का विमर्श और बोल्डनेस (बिंदासपन) बढ़ गई है, लेकिन मैंने हमेशा पारिवारिक कहानियां लिखी हैं।'

86 वर्षीय लेखिका ने कहा, 'मेरी कहानियों में आपको कहीं भी बेडरूम सीन नहीं मिलेगा। जितना परहेज मैं अपने बेटे-बहू के कमरे में जाने में करती हूं, उतना ही परहेज अपने पात्रों के बेडरूम में जाने में करती हूं। उन्होंने कहा कि मैं अपनी कहानियों में स्त्री-पुरुष के अंतरंग संबंधों का विस्तृत ब्योरा नहीं देती। कुछ बातें हमें पाठकों की कल्पना और समझ पर भी छोड़ देनी चाहिए।'

इस सिलसिले में वे अपनी एक रचना के अंश के हवाले से मिसाल देती हैं, 'कमरा बंद हुआ, ढ़ाई घंटे बाद कमरा खुला। वह लड़की अब शरीर और मन से एकदम अलग थी।'

'कई लेखिकाओं की रचनाओं में अंतरंग दृश्यों का सजीव ब्योरा पढ़कर मैं दंग रह गई। मैं सोचने लगी कि वे इस तरह लिख कैसे सकती हैं। आत्मकथाओं में मिर्च-मसाला डालने के लिए भी अंतरंग संबंधों का विस्तृत विवरण किया जाता है। मुझे तो यह सब अजीब लगता है।' मालती जी मानती हैं कि उनके लेखन पर उनकी पारिवारिक पृष्ठभूमि का स्वाभाविक प्रभाव है।

'जीवन की छोटी-छोटी अनुभूतियों को, स्मरणीय क्षणों को मैं अपनी कहानियों में पिरोती रही हूं। ये अनुभूतियां कभी मेरी अपनी होती हैं कभी मेरे अपनों की और इन मेरे अपनों की संख्या और परिधि बहुत विस्तृत है। वैसे भी लेखक के लिए अपने आप पर भाव तो रहता ही नहीं है। अपने आसपास बिखरे जगत का सुख-दुःख उसी का सुख-दुःख हो जाता है और शायद इसीलिये मेरी अधिकांश कहानियां 'मैं' के साथ शुरू होती हैं।'

प्रमुख कृतियां

कहानी संग्रह- पाषाण युग, मध्यांतर, समर्पण का सुख, मन न हुए दस बीस, मालती जोशी की कहानियां, एक घर हो सपनों का, विश्वास

गाथा, आखीरी शर्त, मोरी रंग दी चुनरिया, अंतिम संक्षेप, एक सार्थक दिन, शापित शैशव, महकते रिश्ते, पिया पीर न जानी, बाबुल का घर, औरत एक रात है, मिलियन डालर नोट

बालकथा संग्रह- दादी की घड़ी, जीने की राह, परीक्षा और पुरस्कार, स्नेह के स्वर, सच्चा सिंगार

उपन्यास- पटाक्षेप, सहचारिणी, शोभा यात्रा, राग विराग

व्यंग्य- हार्ले स्ट्रीट

गीत संग्रह- मेरा छोटा सा अपनापन

अन्य संकलन- मालती जोशी की सर्वश्रेष्ठ कहानियां, आनंदी, परख, ये तेरा घर ये मेरा घर, दर्द का रिश्ता, दस प्रतिनिधि कहानियां, अपने आंगन के छींटे, रहिमन धागा प्रेम का।

हिंदी की लगभग सभी लब्धप्रतिष्ठित पत्र-पत्रिकाओं में कहानियां एवं लघु उपन्यास प्रकाशित।

पुरस्कार व सम्मान

इनकी अनेक कृतियों पर पुणे, कोल्हापुर, हैदराबाद, औरंगाबाद, भोपाल और इंदौर आदि के विश्वविद्यालयों में शोध-कार्य जारी है।

अहिंदी भाषी कथा-लेखिका के रूप में 'शिवसेवक तिवारी पदक', पुरस्कार

1983 में कलकत्ता मराठी कथा-संग्रह 'पाषाण' के लिए महाराष्ट्र शासन का पुरस्कार

1984 में अक्षर आदित्य सम्मान, कला मंदिर, मधुवन गुरुवंदना सम्मान, महिला वर्ष में स्टेट बैंक ऑफ इंदौर सम्मान

1985 में म. प्र. के राज्यपाल द्वारा अहिंदीभाषी लेखिका के रूप में 'साहित्य शिखर सम्मान'

1918 में म. प्र. हिंदी साहित्य सम्मेलन के 'भवभूति' अलंकरण'

से विभूषित

2018 में साहित्य तथा शिक्षा के क्षेत्र में उनके योगदानों के लिए 'पद्मश्री' से सम्मानित किया गया।

उन्हें हिन्दी और मराठी की विभिन्न साहित्यिक संस्थाओं की ओर से भी सम्मानित, पुरस्कृत किया जा चुका है।

उनके साहित्य का अनुवाद कई भारतीय एवं विदेशी भाषाओं में हो चुका है। मराठी, उर्दू, बांग्ला, तमिल, तेलुगू, पंजाबी, मलयालम, कन्नड भाषा के साथ अंग्रेजी, रूसी तथा जापानी भाषाओं में उनकी कहानियों के अनुवाद हो चुके हैं।

कई कहानियों का रंगमंचन रेडियो व दूर दर्शन पर नाट्य रूपान्तर भी प्रस्तुत किया जा चुका है। जया बच्चन द्वारा सात कहानियों पर 'सात फेरे' सीरियल, गुलजार द्वारा निर्देशित सीरियल 'किरदार' में दो कहानियों का समावेश। 'भावना' सीरियल में तीन कहानियों का प्रस्तुतीकरण है।

आज के लेखकों को उनका संदेश

सुप्रसिद्ध लेखिका ने 19जुलाई 2020 को, 86 वर्ष की अवस्था में विचार प्रवाह साहित्य मंच पर उनके सदस्यों के सम्मुख लेखकों से कहा-

कहानी की 'सेट रेसिपी' नहीं होती कि उसमें यथार्थ, कल्पना, हास्य, रोमांस के मसाले डाले जाएं। लेखक भाषा और शिल्प में कैसा तारतम्य बनाता है, वही उसे आम लोगों से अलग कर लेखक बनाता है। कहानी का बीज धरती से ही पैदा होता है, आसमान से नहीं। लेखक को सृजन करते समय जल्दबाजी नहीं करनी चाहिए। कहानी बहुत सारी घटनाओं, प्रसंगों, चरित्र का कोलाज होती है। आज के दौर में कहानी विस्तार में नहीं पसंद की जाती। उसका अंत बहुत महत्वपूर्ण होता है, जो पाठकों के दिल में देर तक घूमता रहता है। लेखनी चाहे जिस विधा में लिखी जाए, वो ईश्वर का प्रसाद है, उसे सम्मान मिलना चाहिए।

कोरोना काल में लॉकडाउन की स्थिति में उनका अनुभव-

यह समय है संकल्प का। मुझे घर में रहना अच्छा लगता है। बाहर जाना मुझे किसी सजा से कम नहीं लगता, इसलिए लॉकडाउन का मुझपर व्यक्तिगत रूप से कोई प्रभाव नहीं पड़ा, लेकिन आस-पास चिन्तायुक्त और भयप्रद वातावरण अंतःकरण को अवसाद से भर देता है। ऐसे वातावरण में कुछ लिखने का भी मन नहीं करता और घर का काम करने में भी उम्र आड़े आती है, इसलिए निठल्लापन व्यर्थता बोध को बढ़ा देती है। मुझे पढ़ने का शौक है, लेकिन इन दिनों गंभीर पुस्तकों से दूरी बना ली है और हास्य-व्यंग्य की पुस्तकें दुबारा पढ़ डालीं। बरसों से मेरा सोया कवि मन जाग उठा और मैंने दो कविताएं भी रच डालीं।

आजकल लॉकडाउन में वे सोशल मीडिया द्वारा ऑनलाइन अपने पाठकों से जुड़ कर अपनी कहानियां साझा कर रही हैं। यह लिखते समय 1 सितम्बर 2020 है। कल 31 अगस्त को भी उन्होंने अपनी कहानी को फेसबुक पर ऑनलाइन प्रसारित किया है, इससे यह सन्देश मिलता है कि यदि हममें किसी कार्य को करने की लगन है, तो उम्र कभी आड़े नहीं आती।

लाखों पाठकों की चहेती

मैं ईश्वर से उनके स्वस्थ दीर्घायु की कामना करती हूं और उन्हें शुभकामनाएं देते हुए चाहती हूं कि वे इसी प्रकार लेखन कार्य करते हुए अपने चाहने वाले असंख्य पाठकों के दिल पर राज करती रहें।

मृदुला गर्ग

'बेबाक लेखन के लिए प्रसिद्ध लेखिका'

हिंदी की प्रख्यात, बहुमुखी प्रतिभा सम्पन्न लेखिका मृदुला गर्ग एक ओर जहां अपनी लेखन शैली में नयेपन के लिए हमेशा ही आलोचकों की सराहना की पात्र बनीं, वहीं दूसरी ओर अपनी रचनाओं में स्त्री-पुरुष के विवाहेतर संबंधों के खुलेपन पर दो टूक विचार व्यक्त करने के कारण विवादों के घेरे में भी रहीं।

मृदुला गर्ग का जन्म और शिक्षा

मृदुला गर्ग हिंदी की सबसे लोकप्रिय लेखिकाओं में से एक हैं। उनका जन्म 25 अक्टूबर 1938 को पश्चिम बंगाल के कोलकाता में हुआ, लेकिन उनकी शिक्षा दिल्ली में हुई। उन्होंने 1960 में अर्थशास्त्र में दिल्ली स्कूल ऑफ इकोनोमिक्स से स्नाकोत्तर डीग्री प्राप्त की, पर उनका मन रमा हिंदी साहित्य में, कथानक की विविधता और विषयों के नएपन ने उन्हें अलग पहचान दी। शायद यही वजह थी कि उनके उपन्यासों को समालोचकों की सराहना तो मिली ही, वे खूब पसंद भी किए गए और फिर तीन साल तक दिल्ली विश्वविद्यालय में प्रोफेसर रहीं।

मृदुला गर्ग का व्यक्तित्व

इनका व्यक्तित्व बहुत ही शर्मीला और अंतर्मुखी माना जाता है। किसी भी लेखक की रचना प्रक्रिया युगीन परिस्थितियों तथा वातावरण से प्रभावित होती है। लेखक जो कुछ वातावरण में घट रहा होता है, उसी को अपने साहित्य में उतारता है, लेकिन मृदुला गर्ग के उपन्यास कुछ अलग और नया ही लेकर आते हैं। उनका प्रसिद्ध उपन्यास 'चित्तकोबरा' विवाहित

स्त्री के द्वंद्व, भावनात्मक टकराहट को और उसके निर्णय न लेने की स्थिति को दर्शाता है। महेश और मनु दोनों की स्थितियों पर लेखिका कहती हैं, 'मानसिक अंतर्द्वंद्व या असमंजस की स्थिति से छुटकारा पाया हुआ पात्र मेरे लिए दिलचस्पी का विषय नहीं रहता। वैसे भी हमारा समाज जिस तरह की संक्रमण की स्थिति में है, उसमें इस तरह की मानसिक दुविधा से मुक्त पात्र युटोपियन ही हो सकते हैं। मेरे लिए यूं भी दिलचस्पी का विषय यात्रा है, पड़ाव नहीं। यात्रा किए बगैर ही 'तीसरा क्षितिज' मिल गया तो लिखने को क्या बचा?'

डॉ. तारा अग्रवाल उनके व्यक्तित्व के बारे में कहती हैं -'एक लेखिका के रूप में अपने को स्थापित करने के लिए उन्हें काफी संघर्ष करना पड़ता है। मृदुला गर्ग के लेखकीय व्यक्तित्व के निर्माण में उनके परिवार की भूमिका तथा परिवेशगत संस्कार प्रमुख रहे हैं।'

मृदुला गर्ग के पसंदीदा हिंदी लेखक मनोहर श्याम जोशी उनके ही उपन्यास 'अनित्य' के संबंध में कहते हैं, 'मृदुला का लेखन परंपरावादी नहीं है। जितना सशक्त लेखन मृदुला ने किया है, हिंदी में वैसा लेखन कोई नहीं कर रहा। बहुत अद्‌भुत लेखन है, अपने ढंग का बिल्कुल अकेला। 'अनित्य' के सभी पात्र मेरे परिचित होने पर भी अपरिचित लगते हैं। यूं तो पूरा मध्यवर्गीय परिवेश है, मगर पात्र स्टीरियोटिपिकल नहीं है, वे ऐसे लिखती हैं, तटस्थ भाव से, कहीं जजमेंटल नहीं हैं, कोई निर्णय नहीं देतीं, नैतिकता का प्रश्न नहीं उठाती। इतना कैजुअल स्टाइल है कि ऐसे लिखती हैं जैसे बोल रही हैं।'

लिखना बहुत देर से शुरू किया

उन्हीं के शब्दों में, 'जैसे कि आम तौर पर लिखना शुरू करने वाले करते हैं, मैंने कभी कविता नहीं लिखी। दूसरी बात यह कि मैंने लिखना बहुत देर से शुरू किया। मैंने शादी के बाद 32 साल की उम्र में लिखना शुरू किया था। मेरी पहली कहानी 'रुकावट' सारिका में 1972 में छपी थी। उसके बाद 'हरी बिंदी' और 'डेफोडिल जल रहे हैं' छपी। मैं उस समय दक्षिण भारत

के एक छोटे-से औद्योगिक कस्बे में रह रही थी और बहुत कम लोगों ने मुझे देखा था। मुझे सहित्य की राजनीति और उसमें चल रही उठापटक की ज्यादा जानकारी नहीं थी। मैंने अपनी ज्यादातर कहानियां डाक से भेजी थीं। अपने लेखन की शुरुआत में राजेन्द्र यादव और कमलेश्वर से मेरी मुलाकात हुई थी। मैं नेमीचन्द्र जैन और जैनेन्द्र कुमार से भी मिली थी।'

परिवार की पृष्ठभूमि उन्हीं के शब्दों में

'हमारा घर बिल्कुल अलग किस्म का था। पिताजी हमें खूब पढ़ाना चाहते थे। हमारी शादी को लेकर वे कभी चिंतित नहीं रहे। हमारे परिवार में साहित्य के प्रति लगाव भी बहुत ज्यादा था। बीमार रहने के बावजूद हमारी मां बहुत पढ़ती रहती थीं। उन्होंने अंग्रेजी, हिन्दी और उर्दू, इन तीन भाषाओं का साहित्य पढ़ा था। हमें साहित्य पढ़ने की प्रेरणा उन्हीं से मिली। हमारे परिवार में कभी देवरानी-जेठानी या ननद-भाभी की कलह या गप्पबाजी नहीं होती थी। हम आजादी की लड़ाई लड़ रहे सेनानियों और नेताओं के बारे में चर्चा किया करते थे। इसी माहौल में मैंने सीखा कि सामाजिक और व्यक्तिगत मूल्य महत्वपूर्ण हैं। किसी व्यक्ति का मूल्यांकन इस कसौटी पर नहीं किया जाना चाहिए कि वह सामाजिक मूल्यों पर खरा उतरता है या नहीं। मां के दिए संस्कार और साहित्य के प्रति सम्मान बचपन से ही हमारे अवचेतन मन में बैठ गए। जब मैंने लिखना शुरू किया तो मैंने कभी औरत की घिसी-पिटी छवि के बारे में नहीं लिखा।'

प्रकाशित कृतियां

उपन्यास- उसके हिस्से की धूप, वंशज, चित्तकोबरा, अनित्या, मैं और मैं तथा कठगुलाब

कहानी संग्रह- कितनी कैदें, टुकड़ा टुकड़ा आदमी, डैफोडिल जल रहे हैं, ग्लेशियर से, उर्फ सैम, शहर के नाम, चर्चित कहानियां, समागम, मेरे देश की मिट्टी अहा, संगति विसंगति, जूते का जोड़ गोभी का तोड़।

नाटक- एक और अजनबी, जादू का कालीन, तीन कैदें और साम दाम दंड भेद।

निबंध संग्रह- रंग ढँग तथा चुकते नहीं सवाल।

यात्रा संस्मरण- कुछ अटके कुछ भटके

एक व्यंग्य संग्रह- कर लेंगे सब हजम

विदेशी भाषाओं में अनुवाद

मृदुला गर्ग की लोकप्रियता का प्रमाण यह है कि इनकी रचनाएं अनेक भारतीय एवं जर्मन, चेक, जापानी और अंग्रेजी विदेशी भाषाओं में प्रकाशित हो चुकी हैं।

उपन्यास लेखन को प्राथमिकता

मृदुला गर्ग का का सबसे पहला उपन्यास 'उसके हिस्से की धूप' था, जो उन्होंने 1975 में लिखा था। उन्होंने साहित्य की अनेक विधाओं पर कलम चलाई, परन्तु उन्होंने मूल रूप से उपन्यास को ही अधिक वरीयता दी है। उन्हीं के शब्दों में ---

'उपन्यास को मैंने प्राथमिकता दी, क्योंकि जो मैं कहना चाहती थी वह कहानी में सीमित नहीं कर पाती थी। कहानी में मैंने क्षण को पकड़ा है और उपन्यास में जीवन की विस्तीर्णता को। थीम को लेने के पश्चात् मुझे लगता है कि मैं उसको कहानी में पूरा नहीं कर पा रही हूं, इसलिए उपन्यास को ही प्राथमिकता देती हूं।'

उनकी रचनाएं विवादों के घेरे में रहीं।

स्त्री-पुरुष संबंधों के खुलेपन पर दो टूक शब्द-बयानी के कारण लोकप्रिय लेखिका मृदुला गर्ग के दो प्रमुख उपन्यास 'चित्तकोबरा' और 'कठगुलाब' विवादास्पद माने जाते रहे हैं।

'कठगुलाब' एक तरह से भारतीय स्त्रियों की पीड़ा एवं संघर्ष का एक जीवंत दस्तावेज है। इस सशक्त औपन्यासिक कृति में नारी पर घटित अन्याय, अत्याचार एवं उसकी वेदना के साथ नर-नारी सम्बन्धों की जटिल बुनावट और उसके रेशे-रेशे को व्याख्यायित करने की छटपटाहट का प्रत्यक्ष प्रमाण मिलता है। 'कठगुलाब' का प्रतीकात्मक अर्थ है 'नारी की जिजीविषा'।

इस कृति में मृदुला गर्ग ने रेखांकित किया है कि स्त्रियां गुलाब नहीं हैं, जो उग जाने पर अपने आप खिल भी जाता है। वे कठगुलाब हैं, जिन्हें थोड़ी-सी देखभाल के साथ खिलाना भी पड़ता है।

साल 1979 में लिखा उनका उपन्यास 'चित्तकोबरा' विवादों के घेरे में आ गया था। इस उपन्यास की नायिका एक शादीशुदा औरत है, जो अपनी शादी से संतुष्ट नहीं है। इस उपन्यास के कुछ पन्नों में उन्होंने बहुत ही स्पष्ट रूप में औरतों की सैक्स इच्छाओं पर बात की है।

इस उपन्यास के प्रकाशित होने के कुछ दिन बाद, हिंदी मैगजीन 'सारिका' ने किताब के कुछ पन्नों को छापते हुए एक लेख लिख कर किताब को अश्लील घोषित कर दिया। इसके बाद यह एक स्कैंडल बन गया। मृदुला के खिलाफ मुकदमा चला, उनकी गिरफ्तारी का आदेश निकला और यहां तक कि किताब की कई हजार कॉपियों को जब्त कर लिया गया। अंत में मृदुला मुकदमा जीत गयीं। 'द स्क्रोल' को दिए एक साक्षात्कार में उन्होंने कहा कि जिन्होंने भी इस किताब को अश्लील कहा शायद ही उन्होंने किताब पढ़ी हो। यहां तक कि 'सारिका' के लेख को लिखने वाली लेखिका ने भी कबूला कि उन्होंने कभी भी यह उपन्यास नहीं पढ़ा। इस आक्षेप का जवाब देते हुए मृदुला जी ने लिखा--

'औरतों को हमेशा ही बस एक जिस्म और एक चीज की तरह देखा जाता रहा है, पर औरतें किसी मर्द के लिए, अपने पति के लिए ऐसा नहीं सोच सकतीं। शायद इसीलिए सब इतने क्रोधित हो गये!'

आश्चर्य तो इस बात पर है कि नारीवाद और विवाहेतर संबंधों पर उनका लेखन उस समय असामाजिक माना जाने के कारण बहुत विवादित रहा है, इसलिए उनको स्वीकृति दिलाने के लिए उन्हें कठिन संघर्ष के दौर से गुजरना पड़ा, लेकिन उनके इस लेखन के विषय ने आज की युवा-पीढ़ी की बदलती सोच की नींव का कार्य किया है। इस पर कानून की मुहर भी लग चुकी है और समाज की सोच भी धीरे-धीरे इसे स्वीकार करने के लिए मजबूर हो रही है।

उनका भी मानना है---'मेरा पहला उपन्यास 'उसके हिस्से की धूप' 1975 में छपा था। यह लीक से हटकर था, क्योंकि उन दिनों विवाहेतर संबधों में अपराधबोध होना जरूरी माना जाता था। 35 साल बाद अब इस कहानी पर धारावाहिक का निर्माण हुआ है। कइयों को अब यह समसामयिक लगता है। मगर उस समय यह चौंकाने वाला था।'

प्रेम की परिभाषा

मृदुला गर्ग का मानना है कि प्रेम से बढ़कर कुछ भी नहीं है और इसी प्रेम के माध्यम से उन्होंने अपने साहित्य में स्त्री - अस्मिता की तलाश करने की कोशिश की है।

प्रेम और काम इन दो शाश्वत सत्यों के आसपास ही उनका वैचारिक चितंन प्रस्फुटित पल्लिवत हुआ। प्रेमहीन सेक्स और सेक्सहीन प्रेम दोनों ही मनुष्य जीवन का अतिक्रमण है।

'उसके हिस्से की धूप' में मृदुला गर्ग ने लिखा कि नायिका चार सालों में प्रेम के विभिन्न पहलुओं को देखती है और परिपक्व हो जाती है। दोस्ती, आपसी समझदारी, एकात्मकता और सहानुभूति प्रेम में महत्वपूर्ण होते हैं। वह जान लेती हैं कि प्रेम करना अद्भुत है, मगर पूर्णता की भावना औरों से नहीं आती। वह अपने कर्मों से ही आती है। अधिकारपूर्ण प्रेम में औरत को आजादी नहीं होती। उपन्यास का मूल विचार यह है कि एक के बाद दूसरे आदमी के पीछे भागने से कोई फायदा नहीं है। अपनी खुशी किसी और के माध्यम से प्राप्त नहीं की जा सकती। अपने कार्यों से ही खुशी मिल सकती है। वह निर्णय लेती है कि वह खूब लिखेगी। पुस्तक का अंत यहीं होता है। उसे कोई अपराधबोध नहीं है। उसे नहीं लगता कि पति को छोड़कर अन्य पुरूष के साथ जाने के कारण ही वह अनैतिक हो गई।

'चित्तकोबरा' उपन्यास में भी नायिका किसी और से प्यार करती है, मगर वह अपने पति को छोड़ती नहीं है। किसी गैर मर्द से प्रेम करते हुए भी उसे अपना घर तोड़ने की जरूरत महसूस नहीं होती। प्रेमी से साल में बस 3-4 दिन के लिए मिली थी और फिर वे बिछुड़ जाते हैं। इस उपन्यास

में उन्होंने यह सन्देश देने की कोशिश की है कि प्यार का असर इस बात पर निर्भर करता है कि आप प्यार किसे करते हैं। अगर प्रेमी परिपक्व और उदार है तो प्रेमिका का भी बौद्धिक विकास होता है। प्रेम करने वाले व्यक्तियों के व्यक्तित्व का विकास होता है और वे बेहतर मनुष्य बनते हैं।

सम्मान और पुरस्कार

मृदुला गर्ग को हिंदी अकादमी द्वारा 1988 में साहित्यकार सम्मान, उत्तर प्रदेश हिंदी संस्थान द्वारा साहित्य भूषण सम्मान, 2003 में सूरीनाम में आयोजित विश्व हिन्दी सम्मेलन में आजीवन साहित्य सेवा सम्मान, 2004 में 'कठगुलाब' के लिए व्यास सम्मान तथा 2003 में 'कठगुलाब' के लिए ही ज्ञानपीठ का वाग्देवी पुरस्कार, वर्ष 2013 का साहित्य अकादमी पुरस्कार हिन्दी में उनकी कृति 'मिलजुल मन' उपन्यास के लिए प्रदान किया गया है। 'उसके हिस्से की धूप' उपन्यास को 1975 में तथा 'जादू का कालीन' को 1993 में मध्य प्रदेश सरकार द्वारा पुरस्कृत किया गया है।

कार्यक्षेत्र

अध्यापन से अपने कार्यजीवन का प्रारंभ करने वाली मृदुला गर्ग ने उपन्यास, कहानी संग्रह, नाटक तथा निबंध संग्रह सब मिलाकर 20 से अधिक पुस्तकों की रचना की है। इसके अतिरिक्त वे स्तंभकार रही हैं। उन्होंने कोलकाता की रविवार मैगजीन के लिए 'परिवार' के नाम से पांच साल तक और इंडिया टुडे के हिन्दी संस्करण में 2003 से 2010 तक 'कटाक्ष' नामक स्तंभ लिखा है, जो अपने तीखे व्यंग्य के कारण खूब चर्चा में रहा।

उनके दोनों ही कॉलम अपने समय पर काफी चर्चा में रहे। वे पर्यावरण सम्बंधित, औरतों व बच्चों के मुद्दों पर प्रखर रूप से लिखती रही हैं तथा महिलाओं तथा बच्चों के हित में समाज सेवा के काम करती रही हैं।।

वे संयुक्त राज्य अमेरिका के कोलंबिया विश्वविद्यालय में 1990 में आयोजित एक सम्मेलन में हिंदी साहित्य में महिलाओं के प्रति भेदभाव विषय पर व्याख्यान भी दे चुकी हैं। मृदुला जी आज जिस मुकाम पर हैं, उसे पाने के लिए उन्हें काफी संघर्ष करना पड़ा।

स्त्री-विमर्श

मृदुला गर्ग नए युग की लेखिका हैं, उन्होंने अपने साहित्य लेखन से समाज को एक नई दिशा दी। उनका लेखन प्रमुख रूप से समाज के रीति - रिवाजों में घिरी स्त्रियों की समस्याओं पर आधारित है। उन्होंने महसूस किया कि हमारे समाज में स्त्रियां भिन्न - भिन्न प्रकार की पीड़ाओं से, संघर्षों से जूझ रही हैं। उन्होंने जब महिलाओं पर हो रहे भेदभाव, अन्याय को देखा तो उन्होंने अपने विद्रोह को लेखन के माध्यम से प्रकट किया। वे स्वयं यह बात स्वीकारती हैं - 'किसी भी मूल्य या स्थिति को मैं केवल स्वीकार नहीं कर पाती, क्योंकि वह है और सर्वमान्य है, होती आयी है और सुरक्षा प्रदान करती है। अपने चारों तरफ घटते अन्याय को देखकर मैं शांत स्थिर नहीं रह पाती, अनास्था और असंतोष से पनपा रोष उफनने लगता है।'

चिंता का विषय यह है कि नारी को सदा से ही 'देह' माना गया है। उसे केवल देह के रूप में ही मान्यता मिली। व्यक्तिगत पहचान नहीं। प्राचीन काल से ही स्त्री का देह के रूप में शोषण होता आ रहा है। अब स्त्री इस देह के दायरे से निकलकर अपनी पहचान चाहती है। जो स्त्री नैतिकता, समाज की मान्यताएं, सैक्स का पालन करती है, वही गुणगान की पात्र मानी जाती है, लेकिन जो इनका पालन नहीं करती वह चरित्रहीन, कुलटा कही गई। मृदुला जी ने ऐसी नैतिकता के प्रतिमानों का विरोध करके स्त्री को पहचान देने का प्रयत्न किया। इस विषय में मृदुला गर्ग का मत है कि उन्होंने अपने उपन्यासों के माध्यम से स्त्रियों को आत्मनिर्भर स्वावलंबी बनने की प्रेरणा दी है। उनका मानना है कि स्त्री को कदाचित यह नहीं सोचना चाहिए कि वह स्त्री है, जो लाचार व कमजोर है।

मृदुला जी ने स्त्रियों को बलात्कार होने पर अपराध बोध से मुक्त रहने की प्रेरणा दी है। उसे प्रतिकूल परिस्थितियों में संघर्ष करते रहना चाहिए। वर्तमान समाज में बलात्कार जैसी समस्या दिन - प्रतिदिन बढ़ती जा रही है। इस घटना से आहत होकर स्त्री आत्महत्या जैसा घिनौना कार्य करने के लिए तत्पर हो जाती है। परन्तु वे अपने उपन्यास 'कठगुलाब' की

पात्र स्मिता जो बलात्कार की शिकार हुई, उसके माध्यम से अपने भाव बतलाती हैं।

मृदुला जी का लेखन स्त्रियों को पहचान दिलाने को समर्पित है, लेकिन मृदुला गर्ग की खासियत है कि वह स्त्री - विमर्श की सक्रिय लेखिका होते हुए भी किसी के साथ अन्याय नहीं करती हैं। वे स्त्री एवं पुरुष को दो अलग - अलग नहीं बल्कि दोनों के साथ में विश्वास रखती हैं। वे स्वयं कहती भी हैं 'मैंने वह नहीं लिखा बल्कि लोगों ने मुझे स्त्री - विमर्श से जोड़कर देखा।'

आत्मकथा नहीं लिखना चाहतीं

उन्हीं के शब्दों में 'मैं अपनी आत्मकथा नहीं लिखना चाहती। जो कुछ मेरे जीवन में हुआ है, वह किसी-न-किसी तरीके से मेरे उपन्यासों में आ चुका है। आत्मकथा में लेखक यथार्थ को अतिरंजित कर देता है और सच्चाई के कुछ अंश तक पहुंचता है। उसे सपाट लहजे में दोहराने की जरूरत नहीं है।'

'फिलहाल मैं कोई उपन्यास नहीं लिख रही हूं। मेरा नया उपन्यास 'मिलजुल मन' अभी आया है। मैंने अपने उपन्यास 'अनित्या' का अंग्रेजी में अनुवाद करने के लिए सीमा सहगल को सौंप दिया। हाल ही में ऑक्सफोर्ड यूनिवर्सिटी प्रेस ने इसे 'अनित्या, हाफवे टू नोवेयर' शीर्षक से छापा है। मैं एक अंग्रेजी और एक हिन्दी निबंध संकलन को अंतिम रूप दे रही हूं। उन्हें प्रकाशित होने में कुछ समय लगेगा।'

यद्यपि कुछ लोगों ने अश्लील कहकर इनके लेखन को नकारा है, परंतु इस महान लेखिका ने इन बातों की परवाह नहीं की और वे जीवन से संघर्ष करती हुईं, बेपरवाह होकर स्त्रियों के हित में लिखती रही हैं और लिखती रहेंगी।

उम्र के इस पड़ाव में भी इतनी सक्रिय रह कर उन्होंने सिद्ध कर दिया है कि इच्छाशक्ति और लगन हो तो उम्र कभी बाधक नहीं हो सकती। आजकल 'लॉकडाउन' में वे लगातार सोशल मीडिया के जरिये 'लाइव

प्रसारण' द्वारा अपने पाठकों से जुड़ी रहती हैं। हम पाठक भी चाहते हैं कि वे दीर्घायु को प्राप्त हों और अपनी लेखनी से समाज की प्रगति के लिए निरंतर लिखकर मार्गदर्शन करती रहें।

डॉ. प्रभा खेतान

'अन्य से अनन्या तक'

बीसवीं सदी में, नारी- मुक्ति आन्दोलन तथा स्त्री-चिंतन के लिए प्रसिद्ध, स्त्री-जाति की वर्जनाओं के प्रति आरम्भ से ही विद्रोहिणी लेखिका डॉ. प्रभा खेतान का जन्म 1 नवम्बर 1942 को कोलकाता के प्रसिद्ध मुहल्ला 'लेकरोड' के सबसे अधिक धनाढ्य और प्रसिद्ध उद्योगपति लादूराम जी खेतान के रूढ़िवादी मारवाड़ी परिवार में हुआ था।

प्रभा जी का संघर्षमय जीवन

प्रभाजी की पुस्तक 'अन्य से अनन्या' में उनके द्वारा लिखी आत्मकथा में उनके संघर्षमय बचपन को पढ़कर पाठक के रोंगटे खड़े हो जाते हैं। वे कुल सात भाई-बहन, जिनमें पांच लड़कियां और दो लड़के थे। प्रभा जी पांचवी बेटी थीं। संकीर्ण विचारों वाले मारवाड़ी परिवारों में बेटियों का जन्म ही अभिशाप माना जाता है, तो पांचवी बेटी के जन्म पर खुशी मनाने का प्रश्न ही नहीं उठता था, साथ ही अन्य भाई बहन गोरे और सुंदर थे, की तुलना में अपने सांवले रंग के कारण वे सभी भाई बहनों के साथ अपनी मां से भी उपेक्षित और अपमानित रहीं और हमेशा अपनी मां द्वारा बोकी, भाटा, पत्थर, गधी, भंगन आदि विशेषणों से विभूषित होती रहतीं।

उन्हीं के शब्दों में, 'मां ने कभी मुझे प्यार नहीं किया, क्योंकि मैं ठहरी काली। मां की तरह गोरी नहीं। कैसा अनाथ बचपन था, अम्मा ने कभी गोद में लेकर चूमा नहीं। मैं चुपचाप घंटों उनके कमरे के दरवाजे पर खड़ी रहती। शायद अम्मा मुझे अंदर बुला ले। शायद, हां, अपनी रजाई में सुला ले। मगर नहीं एक शाश्वत दूरी बनी रही हम दोनों के बीच। अम्मा मेरी बातों को

समझ नहीं पाती थीं।'

वे अपने पिता की सबसे लाडली बेटी थीं, लेकिन यह सुख उन्हें अधिक समय नसीब नहीं हुआ। साढ़े नौ वर्ष की उम्र में ही उनके सर से पिता का साया उठ गया। पिता की मृत्यु के बाद घर की आर्थिक स्थिति चरमरा गयी, जिसको उनकी माता जी ने बड़े परिश्रम से सम्भाला।

उनको मां का प्यार तो नहीं मिला, पिता के स्नेह से भी वे वंचित हो गईं। लेकिन उनके पालन-पोषण के लिए एक दाई-मां उनके सभी काम नहलाना, चोटी बनाना, स्कूल भेजना, खाना खिलाना जिम्मेदारी से करती थी। वह अभिभावक की तरह से उनका पूरा ध्यान रखती और उनसे भरपूर प्यार करती थी और मां तथा भाई-बहनों का उनके प्रति भेद-भाव भरा व्यवहार देखकर बौखला जाती थी।

उन्होंने अपनी 'अन्य से अनन्या' पुस्तक में बड़ी बेबाकी से लिखा कि साढ़े नौ वर्ष की उम्र में उनके अपने बड़े भाई ने उनके साथ बलात्कार किया। इस प्रकार उनका जीवन मां और 6 भाई-बहनों के रहते हुए भी अनाथ और असहाय बीता।

प्रभा जी की शिक्षा

प्रभा जी का बचपन से ही शिक्षा के प्रति विशेष लगाव था। उनकी प्रारंभिक शिक्षा कोलकाता में ही 'गोखले मेमोरियल कॉन्वेंट स्कूल' में हुई, उनकी अम्मा स्कूल से उनका नाम कटवा कर घर में बिठा कर राई-जीरा चुनना और सिलाई-कढ़ाई सिखाना चाहती थीं, लेकिन पिता अपनी बेटियों को उच्च शिक्षा दिलाना चाहते थे। उनकी कक्षा 4 से 11 कक्षा की पढ़ाई कोलकाता के 'बालीगंज शिक्षा सदन' स्कूल में हुई, जहां का वातावरण पढ़ाई के लिए बहुत अच्छा रहा।

स्कूली शिक्षा के बाद उन्होंने आज के कोलकाता के नम्बर वन 'प्रेसीडेंसी कॉलेज' से स्नातक की डिग्री प्राप्त की। जहां उन्हें नया वातावरण, नयी सहेलियां और विद्वान् प्रोफेसर मिले। वहां पढ़ते हुए उन्हें महसूस हुआ कि 'बालीगंज शिक्षा सदन' तो उनका घर था। बाहर की दुनिया से तो 'प्रेसीडेंसी कॉलेज' में जाकर ही उनका परिचय हुआ था।

स्नातक की डिग्री प्राप्त करने के बाद 'दर्शन शास्त्र' में उन्होंने पीएचडी की डिग्री प्राप्त करने के साथ 'लायंस क्लब' के 'यूथ एक्सचेंज प्रोग्राम' के तहत अमेरिका में 'लॉस एंजेल्स' में 'ब्यूटी थेरेपी' और स्पीड रीडिंग का कोर्स भी किया।

प्रभा जी की साहित्यिक अभिरुचि का विकास

उनके साहित्यिक अभिरुचि के निर्माण में 'मन्नू भंडारी जी' प्रेरक रही थीं, क्योंकि वे 'बालीगंज शिक्षा सदन' में उनकी कक्षा 4 से 11 तक शिक्षिका थीं। प्रभा जी उनकी प्रिय छात्रा भी थी। उनकी छात्रा रहने का प्रभा जी को गौरव और स्वाभिमान भी था, क्योंकि 'मन्नू भंडारी' जानी-मानी लेखिका थीं और ऐसे लोगों का सानिध्य मिलने पर उनसे प्रभावित होना स्वाभाविक था।

प्रभा जी का लेखन-कार्य

प्रभा जी जब 12 वर्ष की सातवीं कक्षा में थीं, तभी उनकी पहली कविता 'सुप्रभात' में छपी थी, लेकिन उसके लम्बे अंतराल के बाद 1980- 81 में अपने 39वें वर्ष से वे लगातार लेखन से जुड़ी रहीं। उन्होंने पहले दस वर्ष कविताएं ही लिखीं।

उनके 6 कविता संग्रह-अपरिचित उजाले, एक और आकाश की खोज में, सीढ़ियां चढ़ती मैं, कृष्णधर्मा मैं, हुस्नबानो और अन्य कविताएं और अहिल्या।

लेकिन कविता लिखने से संतुष्टि ना मिलने पर उपन्यास लिखना आरम्भ कर दिया। उन्होंने आठ उपन्यास लिखे-पहला उपन्यास 'आओ पेपे घर चलें' 1991 में छापा तथा तालाबंदी, अग्निसंभवा, एड्स, छिन्नमस्ता, अपने -अपने चेहरे, पीली आंधी और स्त्री पक्ष।

दो लघु उपन्यास- शब्दों का मसीहा सार्त्र, बाजार के बीचः बाजार के खिलाफ

आत्मकथा

अपने जीवन के अनछुए पहलुओं को उजागर करने वाली आत्मकथा

बड़ी बेबाकी से 2007 में 'अन्य से अनन्या' लिखकर सौम्य और शालीन प्रभा खेतान ने साहित्य जगत को चौंका दिया। उन्होंने कई प्रतिष्ठित पत्र-पत्रिकाओं में स्त्री -विमर्श संबंधी लेख और कहानियां भी लिखी हैं। उन्होंने पांच चिंतन ग्रन्थ भी लिखे हैं।

अनुवाद

उनके द्वारा फ्रांसीसी रचनाकार 'सिमोन द बोउवा' की पुस्तक 'दि सेकेंड सेक्स' के अनुवाद 'स्त्री उपेक्षिता' ने उन्हें काफी चर्चित किया। उन्होंने 'सांकलों में कैद क्षितिज' में दक्षिण अफ्रीकी कवियों की कविताओं का हिंदी में अनुवाद किया।

सम्पादन

'एक और पहचान' शीर्षक से कविताओं का संग्रह उन्होंने संपादित भी किया। इस प्रकार वे प्रतिभाशाली बहुआयामी साहित्यकार थीं।

आर्थिक आत्मनिर्भरता

धनाढ्य परिवार में पैदा हुई प्रभा जी को एम. ए. की फीस देने के लिए जब उनकी अम्मा ने मना कर दिया तो उनको अपनी सहेली से उधार लेकर फीस जमा करनी पड़ी। उनके बड़े भैया भाई धन्नू और गीता की फीस देते थे, लेकिन प्रभा जी को नहीं देना चाहते थे।

उसके बाद आर्थिक रूप से आत्मनिर्भर बनने के लिए उन्होंने नेत्र-विशेषज्ञ डॉ. सर्राफ के यहां सैक्रेटरी की नौकरी की। 1966 में 'पार्क स्ट्रीट' में फिगरेटय नामक 'महिला स्वास्थ्य केन्द्र' की स्थापना की। कुछ वर्ष इस संस्था में कार्य करते हुए, व्यापार की ओर मुड़ीं, वे चमड़े तथा सिले-सिलाए वस्त्रों का निर्यात करने लगीं। 1976 में अपनी कंपनी 'न्यू होराईजन लिमिटेड' की प्रबंध निदेशिका बनीं। उद्योग जगत में अपनी पहचान बनाने के लिए प्रभाजी को बहुत संघर्ष का सामना करना पड़ा, क्योंकि पितृसत्तात्मक समाज एक औरत को आगे बढ़ते नहीं देखना चाहता।

उनका मानना था कि स्त्री - मुक्ति की पहली शर्त है कि वह आर्थिक

रूप से स्वावलंबी हो। यदि इस एक शर्त को कोई औरत पूरा कर ले तो वह अपनी जिंदगी की आधी से अधिक लड़ाई जीत लेगी। वह आत्म-सम्मान से तभी जी सकती है, जब वह आत्म-निर्भर हो और समाज में किसी पद पर पहुंचे, यह उसे आत्म विश्वास और संरक्षण भी देती है।

सामाजिक प्रतिष्ठा, पुरस्कार और सम्मान

उनकी अपनी संस्था 'प्रभा खेतान फाउन्डेशन' नारी विषयक कार्यों में सक्रिय रूप से भागीदार रही। उन्हें 'कलकत्ता चैंबर ऑफ कॉमर्स' की एकमात्र महिला अध्यक्ष होने का गौरव प्राप्त हुआ। वे 'केन्द्रीय हिन्दी संस्थान' की सदस्या थीं। हिन्दी भाषा की लब्ध प्रतिष्ठित उपन्यासकार, कवयित्री तथा नारीवादी चिंतक तथा समाज सेविका थीं।

प्रभा खेतान ने व्यवसाय से साहित्य, घर से सामाजिक कार्यों तथा देश से विदेशों तक के सफर में अनेक मंजिलें तय कीं। धरातल से शुरू किए अपने जीवन को खुले आकाश की ऊंचाईयों तक पहुंचाने के प्रभा के साहस और क्षमता को कई पुरस्कार-सम्मानों से भी नवाजा गया।

इंटरनेशनल पुरस्कार-सम्मान

रत्न शिरोमणि, इंडिया इंटरनेशनल सोसाइटी फॉर यूनिटी द्वारा

इंदिरा गांधी सॉलिडियरिटी एवार्ड, इंडियन सॉलिडियरिटी काउंसिल द्वारा

टॉप पर्सनाल्टी एवार्ड (उद्योग), लायन्स क्लब द्वारा

उद्योग विशारद, उद्योग टेक्नोलॉजी फाउण्डेशन द्वारा

भारतीय पुरस्कार-सम्मान

प्रतिभाशाली महिला पुरस्कार, भारत निर्माण संस्था द्वारा

महापण्डित राहुल सांस्कृत्यायन पुरस्कार, केन्द्रीय हिन्दी संस्थान द्वारा

बिहारी पुरस्कार, के. के. बिड़ला फाउण्डेशन द्वारा

भारतीय भाषा परिषद व डॉ. प्रतिभा अग्रवाल नाट्य शोध संस्थान

द्वारा सम्मान।

हांलाकि ये पुरस्कार और सम्मान उनकी प्रतिभा को आंकने के लिए पूर्ण तो नहीं माने जा सकते फिर भी उनके विराट व्यक्तित्व के ये छोटे-छोटे अवलम्ब अवश्य बने।

विदेश गमन

वे ब्यूटी थैरेपी का कोर्स करने 'लॉस ऐजेल्स (अमेरिका) गईं। अपने इस प्रथम विदेश यात्रा के लिए उनके ही शब्दों में, 'बाईस की उम्र में दुनिया घूमने निकली थी। राउंड द वर्ल्ड की टिकट पर। कुल पांच हजार रूपये लगे थे और एक्सचेंज के नाम पर पर्स में दस डॉलर थे। हौंगकौंग, टोकियो, हवाईद्वीप, सैंट लूईस, लन्दन, न्यूयोर्क, लॉस ऐजेल्स, स्वीटजरलैंड कहां-कहां नहीं उड़ती फिरी थी।'

आज से तीस साल पहले एक मारवाड़ी स्त्री के लिए पांच सितारा होटल में किसी गोरी चमड़ी के साथ अकेले जाना बड़ी बात थी। हालांकि मैं विदेश यात्रा दो-तीन बार कर आई थी, मगर कलकत्ते के ग्रांड होटल, हिन्दुस्तान होटल और बाद में ताज बंगाल होटल से बिलकुल अपरिचित थी। मुझे वहां के कायदे-कानूनों का पता नहीं था। मैंने पहले-पहल इन होटलों को देखा था।'

प्रभा जी का व्यक्तित्व और स्वभाव

व्यक्तित्व बहुत गरिमामय और सादा, पांच फुट, तीन इंच लम्बाई, सांवला रंग, सुदृढ़ शरीर, कटे बाल, माथे पर बिंदी, सादी सी साड़ी, लेकिन व्यवस्थित पहनावे से उनका व्यक्तित्व बहुत गरिमामय और सादा प्रतीत होता था।

स्वभाव से शांत और हंसमुख और मिलनसार थीं। कितनी भी थकी होतीं, लेकिन सब मिलने वालों का मुस्कुरा कर स्वागत करती थीं।

आत्मनिर्भर थीं और हर स्त्री को आत्मनिर्भर बनने का सन्देश देती थीं। 'प्रभा फाउंडेशन' संस्था द्वारा वे किसी की भी मदद करने के लिए हमेशा

तत्पर रहती थीं।

स्वाभिमान उनमें कूट-कूट कर भरा था। जब उनकी मां ने एम. ए. की फीस देने से मना कर दिया तो उन्होंने उनको कहा, 'मां ! भैय्या गीता को फीस देने से कभी मना नहीं करते। मैं ही तो आप सबकी परेशानी का कारण हूं। ठीक है आज के बाद मैं आपसे कभी पैसे नहीं मांगूंगी।'

वे बड़े भाई के यौन-शोषण को चुपचाप नहीं सहती रहीं। उन्होंने साहस के साथ उससे कहा, 'मैं छत से कूद पड़ूंगी।' इसके बाद ही यह कुकृत्य रुका।

इसी तरह ब्यूटी थेरेपी के लिए विदेश जाते समय उन्होंने डॉ. सर्राफ से आर्थिक सहायता नहीं ली। उनका कहना था, 'मेरा प्यार बिकाऊ नहीं है।'

उनकी मां उनके सांवले रंग के कारण उनके विवाह की चिंता करते हुए कहती, 'हे राम जी, इसकी नैया कौन से घाट पर लगेगी?' अपनी मां के बार-बार इस कथन को सुनकर वे कहतीं, 'मैं ब्याह नहीं करूंगी।' और अपने कथन की पुष्टि करने के लिए वे आजीवन अविवाहित रहीं।

आत्म-निर्णय लेने में वे सक्षम, साहसी, आधुनिक विचारों वाली और कर्मठ नारी थीं। उन्हें मैथिली शरण गुप्त का कथन 'अबला जीवन हाय तुम्हारी यही कहानी, आंचल में है दूध और आंखों में पानी' सहन नहीं था।

बेहद संवेदनशील नारी थीं वे। उन्होंने विवाहित डॉ. सर्राफ से प्रेम सम्बन्ध बनाये रखने के लिए दिल से काम लिया, दिमाग से नहीं।

यहां तक कि एक बार डॉ. सर्राफ ने भी उनको कहा था, 'सब कुछ भूल जाओ, क्षणों का बहाव था, टेक इट ईजी, ज्यादा गंभीरता से इन बातों को मत लो।' यह सुनकर प्रभा जी बहुत दुखी हुई थीं, लेकिन उनको कभी छोड़ नहीं पाईं।

बचपन में भी परिवार वालों के दुर्व्यवहार से वे बहुत आहत होती थीं। स्त्रियों की बुरी स्थिति भी उन्हें बहुत आंदोलित करती थी।

स्त्री पुरुष के रिश्ते पर उनके विचार

प्रभा जी का कहना था, 'क्या एक स्त्री का एक पुरुष के साथ पति-पत्नी के सिवा कोई और सम्बन्ध नहीं होता। मेरी राय में विवाह ओवरडेटेड संस्था है, मैं इस संस्था को तरजीह देने से इनकार करती हूं। मंत्र पढ़कर, फेरे लेकर शादी करना, बाद में बच्चे पैदा करना ही स्त्री का जीवन नहीं है।'

अविवाहित स्त्री प्रभा खेतान ने अपने से 20 वर्ष बड़े विवाहित डॉक्टर सर्राफ से पागलपन और दीवानगी की हद तक प्रेम- सम्बन्ध को 25 वर्षों तक निभाया। उनके 'अन्य से अनन्या' धारावाहिक रूप में 'हंस' में प्रकाशित इस आत्मकथा को जहां एक बोल्ड और निर्भीक आत्मस्वीकृति की साहसिक गाथा के रूप में अत्यधिक प्रशंसा मिली, वहीं 'बेशर्म और निर्लज्ज स्त्री द्वारा अपने आपको चौराहे पर नंगा करने की कुत्सित बेशर्मी' का नाम भी इन्हें दिया गया।

डॉ. सर्राफ अमेरिका अपने हार्ट का इलाज करवाने गए, तब वे उनके साथ गईं। हर समारोह में वे उनके साथ रहती थीं और समाज की तिरस्कृत दृष्टि और तानों की पात्र बनने पर भी उनका साथ नहीं छोड़ा और मृत्यु-पर्यंत अविवाहित रहकर किसी और व्यक्ति से सम्बन्ध ना रख कर उनका साथ निभाया।

जबकि उनकी मृत्यु के एक दशक बाद पुरुष-स्त्री में विवाहेतर प्रेम सम्बन्ध की अनुमति पर हमारे कानून ने मुहर लगा दी है, समाज की दृष्टि में भी किंचित परिवर्तन आया है। हाई सोसाइटी में तो यह रिश्ता आम हो गया है।

प्रभा खेतान जी की मृत्यु

प्रभा जी का दुखद निधन मात्र 66 वर्ष की उम्र में 20 सितम्बर 2008 को हृदयाघात से हो गया। कहते हैं सरस्वती और लक्ष्मी दोनों एक साथ नहीं रहतीं, लेकिन प्रभा जी ने यह कथन भी झुठला दिया। उन पर दोनों की भरपूर अनुकम्पा रही है। परिश्रम और लगन से कुछ भी असंभव नहीं है, इसका उदाहरण प्रभा जी से बेहतर क्या होगा। पहले एक लेखिका के रूप में और फिर एक स्वतंत्र उद्यमी के रूप में दोनों ही स्तर पर वे सफल रहीं। डॉ. सर्राफ के जीवन में उनका ताउम्र 'अन्य' का ही स्थान रहा, लेकिन अपने लेखन,

व्यवसाय और समाज-सेवा द्वारा वे 'अनन्या' की पदवी को पाने में भी सफल रहीं। वे आज हमारे बीच नहीं हैं, लेकिन अपने संघर्षपूर्ण जीवन को साहस से जीने का सन्देश अपने साहित्य तथा सामाजिक-कार्यकलापों द्वारा देकर हमेशा हमारी मार्गदर्शिका और प्रेरणा बनी रहेंगी।

संजीव जायसवाल 'संजय'

'आधुनिक बहुआयामी सशक्त साहित्यकार'

साहित्यकार संजीव जायसवाल जी आधुनिक पाठकों और लेखकों के लिए किसी परिचय के मोहताज नहीं हैं। इनकी रचनाओं की सबसे बड़ी विशेषता यह है कि इन्होंने किसी एक विधा से न बंध कर प्रौढ़, युवा साहित्य के साथ-साथ बाल-साहित्य, व्यंग्य और रोमांच आदि के क्षेत्र में समान रूप से लिखा है और लिख रहे हैं। इनकी रचनाएं हर प्रकार की प्रतिष्ठित पत्रिकाओं में छप रही हैं, चाहे वह महिलाओं की हो, बच्चों की हो, सामाजिक हो या साहित्यिक हो। इनकी रचनाओं का प्रमुख उद्देश्य मनोरंजन के साथ कोई न कोई सन्देश देना अवश्य होता है।

जन्म और बचपन

संजीव जी का जन्म उत्तर-प्रदेश के तराई इलाके के जनपद लखीमपुर-खीरी के धौरहरा-कलां नामक कस्बे में 1959, 25 जून को हुआ था।

उनके बाबा मजिस्ट्रेट थे और कई गांवों की जमींदारी थी। हवेली जैसा घर था और भरपूर सम्पन्नता थी। उनके पिताजी श्रीकृष्ण बिहारीलाल जायसवाल अत्यन्त साधु स्वभाव के थे जिसके कारण वे लगभग 40 वर्षों तक निर्विरोध ग्राम-प्रधान रहे थे। उनकी माता जी का नाम श्रीमती कुसुम जायसवाल है, जो कि सख्त अनुशासन-प्रिय रही हैं।

ये बचपन से ही रोमांच-प्रिय हैं। यह उनकी रचनाओं में भी झलकता है। उन्हीं के शब्दों में -

बचपन में किसी चीज की कमी न थी, सिवाय इसके कि गांव में कभी उन्मुक्त होकर बचपन को जी न सका। दरअसल मां पटना के एक

रईस रायसाहब की बेटी थीं और आज से 70 साल पहले की कॉन्वेंट की पढ़ीं। वे खुद तो गांव आ गईं, लेकिन हम लोगों पर अनेकों प्रतिबंध लगा रखे थे। कड़ा अनुशासन था। शिक्षा के कारण ज्यादातर समय रिश्तेदारों के घर या छात्रावास में बीतता था। छुट्टियों में जब गांव आता तो मेरा भी मन करता कि गांव के दूसरे बच्चों की तरह कमर में गमछा बांध कर खेतों में फसल काटूं, पेड़ों पर लटकूं, नदी में छलांग लगाऊं और भैंस की पीठ पर मस्ती से बैठ कर बिरहा गाऊं, लेकिन जब भी घर से बाहर निकलता कोई न कोई साथ में होता, इसलिये ये अरमान पूरे न हो पाते। नदी में नहाने और पेड़ पर चढ़ने के तो दो-चार अवसर मिल गये, लेकिन मेरी सबसे बड़ी ख्वाहिश भैंस की पीठ पर बैठ हिलते-डुलते पूरे गांव की यात्रा करने की थी जो कभी पूरी नहीं हो सकी। इसका आज भी मलाल है।

यूं तो बचपन में कई मजेदार घटनाएं हुईं, लेकिन सबसे मजेदार घटना मेरे प्रसिद्ध वैज्ञानिक बनने के असफल प्रयास की है। कोर्स में पढ़ा था कि न्यूटन के सिर पर सेब गिर गया और उन्होंने गुरूत्वाकर्षण शक्ति की खोज कर डाली। 'आर्कमडिज' को नहाते-नहाते ज्ञान प्राप्त हो गया और वे यूरेका-यूरेका कर सड़कों पर दौड़ पड़े। मुझे लगा कि अगर विश्व में प्रसिद्ध होना है तो ऐसी ही कोई अद्‍भुत और नितान्त नवीन खोज करनी होगी। काफी दिमाग दौड़ाने के बाद सूझा कि कड़ाही में पानी खौलने के बाद उसमें पूड़ी बेल कर डालनी चाहिये। अगर वह फूल गयी तो यह एक नयी खोज होगी। लोगों के घी-तेल पर खर्च होने वाले करोड़ों-अरबों रूपये बचेंगे और पूरी दुनिया में मेरा नाम हो जायेगा। मेरी इस योजना में घर के एक पुराने अक्ल-मंद नौकर स्वर्गीय श्री मैकूलाल की पूरी सहमति थी। हम दोनों ने मां को काफी समझाया, लेकिन वे सिर्फ हंस देतीं और कभी पानी में पूड़ी तलने को तैयार नहीं होतीं। एक बार संयोग से घर के सभी बड़े बाहर गये थे। घर पर छोटे भाइयों सहित मेरा और मैकू लाल जी का राज था। हमने कड़ाही में पानी खौलाया और घंटों पूड़ी तलते रहे, लेकिन नामुराद पूड़ी न फूली तो न फूली। इस प्रकार छोटी सी पूड़ी की बेवफाई के कारण दुनिया एक और प्रसिद्‍ वैज्ञानिक की सेवायें पाते-पाते रह गयी।

व्यक्तित्व

'सादा जीवन और उच्च विचार' को चरितार्थ करने वाले संजीव जी साहित्य-जगत में राष्ट्रीय और अंतर्राष्ट्रीय स्तर पर ख्याति प्राप्त करने के बाद भी वहुत शालीन और नम्र स्वभाव के मालिक हैं। अपने परिवार के लिए समर्पित होने के साथ वे सामाजिक तौर पर भी बहुत लोकप्रिय हैं और नए लेखकों का उत्साहवर्धन करने में कभी पीछे नहीं हटते।

उनको सफल साहित्यकार बनाने में उनके व्यक्तित्व के ये तीन गुणों का विशेष योगदान है- पंक्चुअलटी, प्लानिंग और डेडीकेशन। उनका कहना है, यदि इन तीनों चीजों का ध्यान रखें, तो जीवन में कोई भी लक्ष्य हासिल करना कठिन नहीं होता है।

लिखने की प्रेरणा

संजीव जी के बचपन में उनके घर में बच्चों तथा बड़ों की लगभग सभी प्रमुख पत्रिकायें नियमित रूप से आती थीं। उनके पिताजी उपन्यासों को पढ़ने के शौकीन थे। उस जमाने में कुछ प्रकाशन संस्थान मासिक घरेलू सदस्यता स्कीम चलाते थे। इससे हर माह प्रकाशित होने वाले उपन्यास घर आ जाते थे। वे सभी पत्रिकाओं और उपन्यासों को खूब पढ़ते थे और पढ़ते-पढ़ते उन्हें लिखने का शौक कब पैदा हो गया पता ही नहीं चला।

उनके बचपन में पत्र लिखने का बहुत प्रचलन था। वे भी सभी को बहुत लंबे-लंबे पत्र लिखते थे, उनमे उनकी एक मौसेरी बहन भी थी। वे अपनी सहेलियों को उनके पत्र पढ़ा देती थी। उन्हीं में से किसी ने कहा कि 'तुम्हारा भाई बहुत अच्छा लिखता है', वह और बहुत कुछ भी लिख सकता है। इससे उन्हें प्रेरणा मिली और कहानियां लिखकर पत्रिकाओं में भेजने लगे।

एक घटना ने भी उन्हें बहुत प्रेरित किया था। उनके शहर लखीमपुर में एक 'कदीर लाईब्रेरी' है, जिसे शायर कदीर साहब चलाते हैं। बचपन में वे उनकी लाईब्रेरी का सदस्य बनने गए, जिसका मासिक शुल्क तीन रूपया था। पंजीकरण करते समय उन्होंने उनके पिता का नाम 'श्रीकृष्ण बिहारी लाल' जानकर उनसे पूछा, 'कृष्ण बिहारी नूर' को जानते हो?' उनके मना

करने पर वे बोले, 'कृष्ण बिहारी 'नूर' बहुत प्रसिद्ध शायर हैं, मैं उनका बहुत बड़ा प्रशंसक हूं। तुम्हारे पिता का और उनका नाम एक है, इसलिये तुम्हें कन्सेशन दे रहा हूं। तुम केवल एक रूपया मासिक शुल्क दे देना।' यह करीब 45 वर्ष पुरानी घटना है। उन दिनों एक स्टूडेंट के लिये दो रूपये की छूट बहुत बड़ी होती थी। इस घटना ने ही कहीं न कहीं उनके अंर्तमन को प्रेरित किया कि उन्हें भी साहित्य के क्षेत्र में अपनी पहचान बनानी है।

संजीव जी अपनी शुरूआत की चार-पांच कहानियां पत्रिकाओं से वापस आने पर बहुत निराश हुए, तभी उन्होंने कहीं पढ़ा कि अंग्रेजी के एक विश्व प्रसिद्ध लेखक (शायद चार्ल्स डिकेन्स) की शुरूआती 39 कहानियां वापस आ गयी थीं। उनकी चालीसवीं कहानी स्वीकृत हुयी थी तो वे रात भर सड़कों पर नाचे थे। उन्होंने सोचा कि अगर इतने बड़े लेखक की उन्तालीस कहानियां अस्वीकृत हुईं तो वे तो छोटे लेखक हैं, इसलिए उन्हें निराश नहीं होना चाहिए। इस लेख से प्रेरित होकर उन्होंने दोबारा लिखना शुरू किया और अपनी कोशिशें जारी रखीं।

जब उनकी 1980, मार्च में पहली कहानी 'विवाह पंजीकरण कार्यालय' उस समय की लोकप्रिय पत्रिका 'सरिता' में स्वीकृत हुयी, जिसके मानदेय के रूप में उनको सौ रूपये का चेक मिला, जो कि उन दिनों बहुत बड़ी रकम होती थी। वे एकाउंट खुलवाने बैंक गए तो मैनेजर साहब ने उनके हाथ में 100 का चेक देख कर पूछा, 'बेटा, यह कहां से मिला ?' पता चलने पर उन्होंने उनकी पीठ थपथपायी और पूरे स्टाफ के सामने उनकी कहानी प्रकाशित होने की प्रसंशा की। उस मैनेजर की प्रसंशा से वे प्रेरित होकर पूरी क्षमता के साथ लेखन में जुट गए। उस समय प्रारम्भ हुई उनकी साहित्यिक यात्रा अभी तक अनवरत जारी है।

1981 में वे आर. डी. एस. ओ में नौकरी लगने पर लखनऊ आ गए। उनके कार्यालय में हिंदी का बहुत समृद्ध पुस्तकालय था। यहां उन्होंने प्रसिद्ध लेखकों को पढ़ना शुरू किया। इस अध्ययन का उन्हें बहुत लाभ हुआ। उन्हें अलग-अलग लेखकों की शैलियां सीखने को मिलीं।

उनकी पत्नी ने उनके लेखन में बहुत सहयोग दिया। उन्हीं के शब्दों में – 'मेरी लेखन यात्रा में सबसे बड़ा सहयोग मेरी धर्मपत्नी का है, जो कि स्वयं एक अच्छी लेखिका होने के साथ-साथ केन्द्रीय विद्यालय में शिक्षिका भी थीं। उन्होंने घर और बच्चों की जिम्मेदारी पूरी तरह संभाल कर मुझे लेखन के लिये मुक्त कर रखा था। यहां तक कि मेरे सेवानिवृत्त होने के पश्चात उन्होंने स्वयं भी स्वैच्छिक सेवा निवृत्ति ले ली ताकि मैं निर्विघ्न रूप से अपनी साहित्यिक साधना कर सकूं। यदि उनका साथ और त्याग मेरे साथ न होता तो शायद मैं इस मुकाम तक नहीं पहुंच पाता।'

उनके पिता जी एक बहुत अच्छे किस्सागो थे। पुरानी से पुरानी घटनाओं को इस ढंग से सुनाते कि वे आंखों के सामने जीवन्त हो उठती थी। शाम के समय घर के बाहर बने चबूतरे पर गांव वाले एकत्र हो जाते थे और वे देश-विदेश की घटनाओं के बारे में उन्हें बताते रहते। उन्होंने किस्सागोई की कला उन्हीं से सीखी है।

साहित्यिक यात्रा

संजीव जी ने लिखना विद्यार्थी जीवन से ही शुरू कर दिया था। उनकी पहली कहानी छपने पर उनकी प्रतिक्रिया उन्हीं के शब्दों में, 'मेरी पहली कहानी 'विवाह पंजीकरण कार्यालय' उस समय की लोकप्रिय पत्रिका 'सरिता' के मार्च 1981 के अंक में प्रकाशित हुई थी। उस रचना के प्रकाशित होने पर जैसी खुशी मिली थी, वह जीवन में बड़ी से बड़ी उपलब्धि हासिल होने पर भी दोबारा नहीं मिली।'

इसके बाद उनकी पहली बाल-कहानी 'चतुर मंत्री' अप्रैल 1981 में 'नंदन' में प्रकाशित हुयी थी। तभी से बच्चों और बड़ों दोनों के लिये कहानियां लिखने का सिलसिला नियमित रूप से जारी है।

भाषा शैली

उनके आदर्श मुंशीप्रेमचंद जी हैं। उन्हीं से प्रेरित होकर वे अपनी कहानियों में सरल भाषा का प्रयोग करते हैं और कोशिश करते हैं कि कहीं भी क्लिष्टता न आने पाये।

शिक्षा

उन्होंने पैतृक गांव- धौरहरा कलां, जिला-लखीमपुर खीरी से प्राथमिक शिक्षा प्राप्त की। लखीमपुर खीरी के ही एक गांव खमरिया में बिरला जी की शुगर फैक्टरी के बी. बी. एल. सी. इंटर कॉलेज से हाईस्कूल किया। इण्टर 'धर्म सभा इण्टर कॉलेज' लखीमपुर खीरी से, बी. काम. 'युवराज दत्त महाविद्यालय' लखीमपुर तथा एम. काम. 'वी. एस. एस. डी' कॉलेज कानपुर से किया।

वैवाहिक जीवन

उनकी पत्नी सूर्यलता जायसवाल हैं, जो केन्द्रीय विद्यालय, लखनऊ में अध्यापिका रह चुकी हैं। उनके दो बेटे हैं। विपुल, उसने बी. टेक. एम. बी. ए. किया है और मुम्बई में उसकी अपनी मार्केटिंग रिसर्च कम्पनी है और संकल्प जिस ने आई.आई. एम, लखनऊ से एमबी. ए. किया है और एक मल्टीनेशनल कंपनी में वरिष्ठ सलाहकार हैं। पिता के साहित्यकार होने का उनपर भी बहुत असर पड़ा है। दोनों ही लेखन में बहुत रुचि रखते हैं।

साहित्यिक योगदान

अब तक देश की प्रतिष्ठित पत्र-पत्रिकाओं में उनकी 1050 से अधिक कहानियां, व्यंग्य रचनाएं, 12 उपन्यास, 12 कहानी संग्रह, और 29 चित्रकथाएं और 2 व्यंग्य संग्रह प्रकाशित हो चुके हैं। सभी का वर्णन करना बहुत कठिन है। उनमें से प्रमुख हैं:-

कहानी संग्रह- 'गुरू-दक्षिणा'

बाल उपन्यास- 'डूबा हुआ किला'

उपन्यास- 'होगी जीत हमारी'

नन्हें बच्चों की चित्र कथा- 'वह हंस दिया'

वैज्ञानिक उपन्यास- 'फिर सुबह होगी'

उनकी पुस्तकों का देश-विदेश की भाषाओं में अनुवाद

उनकी 9 पुस्तकों (सूरज का गुस्सा, टूटा पंख, चंदा मामा, राजा

का दर्द, पहलवान जी, खेल-खेल में, पहलवान जी का खेल, बरसा बादल, पहलवान जी और केला) का 10 भाषाओं में अनुवाद

उपन्यास- 'डूबा हुआ किला' का पंजाबी और उड़िया में अनुवाद

पुस्तक- 'चंदा गिनती भूल गया' का 7 भाषाओं में अनुवाद

चित्र कथा-'खेल-खेल में' का देश-विदेश की 42 भाषाओं में अनुवाद

पर्यावरण संरक्षण पर आधारित उपन्यास- 'होगी जीत हमारी' का भारत-सरकार द्वारा 15 भाषाओं में अनुवाद

चित्र कथा-बरसा बादल का विश्व की 34 भाषाओं में अनुवाद

चित्र कथा- 'वह हंस दिया' का देश-विदेश की 96 भाषाओं में अनुवाद

अन्य साहित्यिक उपलब्धियां-

राष्ट्रीय स्तर की कई कहानी प्रतियोगिताओं में प्रथम स्थान।

कई साहित्यिक कार्यक्रमों की अध्यक्षता।

कई अखिल भारतीय कहानी प्रतियोगिताओं में निर्णायक।

रेडियो एवं टी. वी. पर कई कहानियां एवं भेंटवार्ताएं प्रसारित।

पुरस्कार

उन्हें छोटे-बड़े 20 पुरस्कार मिले हैं, लेकिन उनमें से पांच प्रमुख पुरस्कार निम्न हैं-

भारत सरकार का प्रतिष्ठित 'भारतेन्दु हरीशचन्द्र पुरस्कार' रिकार्ड दो बार (वर्ष 2005 और 2010)

उत्तर प्रदेश हिंदी संस्थान का सूर पुरस्कार-2005

उ. प्र. हिंदी संस्थान का अमृत लाल कथा सम्मान-2013

रेल मंत्रालय का प्रेमचंद पुरस्कार- 2015

उ. प्र. हिंदी संस्थान का दो लाख रूपये का 'बाल साहित्य भारती

पुरस्कार –2018

बच्चों के मर्मज्ञ रचनाकार संजीव जी किसी बाल–मनोवैज्ञानिक से कम नहीं है। उनका कहना है, 'सोशल मीडिया के दौर में बच्चों का अनुभव कम होने के कारण उनमें अच्छे–बुरे की पहचान की क्षमता भी स्वाभाविक रूप से कम होती है। अतः सबसे बड़ी जिम्मेदारी अभिभावक की है कि देखें कि वे सोशल मीडिया पर क्या देख रहे हैं और उनका मार्गदर्शन करें। अभिभावकों को उनको बताना चाहिये कि हर टेक्नोलाजी की अच्छाइयां और बुराइयां दोनों होती हैं। उनकी अच्छाइयों को सीखना चाहिये, कि हम उसका सृजनात्मकता के लिए प्रयोग कैसे करें। आज सोशल मीडिया से दूर रहना तो सम्भव नहीं है, क्योंकि ऐसा करके तो हम प्रगति की दौड़ में बहुत पीछे रह जाएंगे।

नए लेखकों के लिए उनका सन्देश है कि लिखने से पहले पढ़ना सीखना जरूरी है। इसके लिए सबसे महत्वपूर्ण है, प्रसिद्ध लेखकों की रचनाओं को पढ़ा जाये। लिखते समय ध्यान रखना चाहिए कि कहानी लिखना किसी घटना या काल्पनिक तथ्यों का प्रस्तुतीकरण मात्र नहीं है। यह प्रस्तुतीकरण जितना प्रभावी होगा, कहानी उतनी ही प्रभावी होगी, इसलिये रचना तभी सफल होगी, जब पढ़ने वाले की आंखों के सामने उसका सजीव चित्र उत्पन्न करेगी। इसके अतिरिक्त रचना लिखने के बाद उसे एक या दो महीने के लिए भूल जाइए। उसके बाद पढ़ने पर आपको उसमें ढेरों कमियां नजर आएंगी। उस समय आप अपनी रचना में काट–छांट करके उसे सुधार सकते हैं। तीसरी सबसे महत्वपूर्ण बात, स्कूल में पढ़ते समय हम निबंध लेखन तथा प्रेसी–राईटिंग अर्थात सारांश लिखना दोनों ही सीखते हैं। लेखक के लिये इन दोनों ही विधाओं में पारंगत होना आवश्यक है। हमें ध्यान रखना होगा कि कहां पर घटनाओं को विस्तार देना है और कहां संक्षिप्त रूप से लिखना है, अन्यथा अनावश्यक विस्तार या इसके विपरीत होने से कहानी प्रभावहीन हो जायेगी।

लॉकडाउन में साहित्यिक यात्रा को किस प्रकार बढ़ाया जा सकता है,

इस सन्दर्भ में उनका कहना है, आज की गंभीर स्थिति में हमें 'डिजटलीकरण' का जीवन के प्रत्येक क्षेत्र में गंभीरता से प्रयोग करना चाहिए। इस महामारी के चलते आज कई पत्र-पत्रिकाओं की प्रिंटिग बाधित हो गई है और उनके केवल डिजटल संस्करण आ रहे हैं। अतः सभी साहित्यकारों का कर्तव्य हो जाता है कि वे इस डिजटल प्लेटफार्म का उपयोग करें। नई पीढ़ी इस तकनीकी का प्रयोग करने में सिद्धहस्त है, उनके द्वारा साहित्य के डिजटलीकरण का स्वागत किया जायेगा। इसके अलावा सोशल मीडिया पर ऑनलाइन कवि सम्मेलनों और कहानी पाठ को भी अधिक से अधिक बढ़ावा देना चाहिये ताकि लॉकडाउन के चलते जो जहां हैं वहां इनका आनंद उठा सके।

संजीव जी ने एक प्रशासनिक अधिकारी के व्यस्त पद पर रहते हुए, जो इतनी अभूतपूर्व साहित्य साधना की, यह उनके जीवन के मूलमंत्र 'पंक्चुअलटी, प्लानिंग और डेडीकेशन' का ही परिणाम है। अर्थात उनकी कथनी और करनी में अंतर नहीं है। आज के लॉकडाउन के गंभीर समय में वे और उनका बेटा विपुल सोशल मीडिया पर ऑनलाइन पाठकों को अपनी आवाज में कहानियां सुनाकर लोगों का भरपूर मनोरंजन करके उनके एकाकीपन की ऊब को दूर कर रहे हैं। यह किसी समाजसेवा से कम नहीं है। हम पाठकों की ईश्वर से प्रार्थना है कि इसी तरह वे आजीवन स्वस्थ रहकर लिखते रहें, यही हमारी शुभकामनाएं हैं।

समाप्त